Hoffmann · Zwischen allen Stühlen

W0188630

Christian H. Hoffmann

Zwischen allen Stühlen

Ein Deutscher wird Muslim

1995

BOUVIER VERLAG · BONN

Walter Brückmann zum Gedenken,
der mich lehrte, zu schreiben.

Die Deutsche Bibliothek - CIP-Einheitsaufnahme

Hoffmann, Christian H.:
Zwischen allen Stühlen : ein Deutscher wird Muslim /
Christian H. Hoffmann. - Bonn : Bouvier, 1995

ISBN 3-416-02541-5

بسم الله الرحمن الرحيم

Im Namen Gottes, des Erbarmers, des Barmherzigen

Hinweis für meine Leser:

Es ist im Islam üblich, nach der Erwähnung Allahs und des Namens des Propheten Muhammad einen Friedens- und Segenswunsch hinzuzufügen: "Allah subhana wa ta'ala!" (Preis Ihm! Und erhaben ist Er!) und: "Muhammad salla Allahu 'alayhi wa sallam!" (Allahs Segen und Sein Friede seien auf ihm!). In Texten werden dafür unterschiedliche Abkürzungen verwendet. Um bei Nicht-Muslimen keine Mißverständnisse hervorzurufen, habe ich in diesem Text darauf verzichtet. Jeder Muslim möge die Wünsche im Geist hinzusetzen.

Grundsätzlich spreche ich von Allah. Ich verwende das Wort Gott, wenn es sich um eindeutige Zusammenhänge mit dem Christentum handelt und wenn ich frühere Texte von mir aufgenommen habe, in denen ich das Wort Gott verwendet hatte.

Alle Zitate des Qur'an sind - bis auf wenige Ausnahmen - entnommen: Der Koran, Übersetzung von Adel Theodor Khouri, Unter Mitwirkung von Salim Abdullah, Gütersloher Verlagshaus Gerd Mohn, Gütersloh 1987.

Inhalt

Anonyme Briefe: CDU Politiker ist Muslim!

"Guten Tag, Herr Hoffmann, hier ist *** vom Express, darf ich Ihnen eine Frage stellen? Stimmt es, daß Sie Muslim sind?" ... Da ich alleine im Büro war, hatte ich sofort zum Hörer gegriffen als das Telefon klingelte. Nach dieser Frage war ich zunächst einmal völlig erstarrt. Was war geschehen?

Drei Tage vor dem Anruf - im März 1990 - war ich zum Pressesprecher der Bonner CDU gewählt worden. Am Tag danach waren anonyme Briefe an die Bonner Tageszeitungen geschickt worden. Im Stil einer offiziellen Presseerklärung wurde den Journalisten mitgeteilt, Christian H. Hoffmann, der neugewählte Pressesprecher der Bonner CDU sei Muslim, eine Tatsache, die den CDU-Mitgliedern vor der Wahl bewußt verschwiegen worden sei. Die daran anknüpfende Frage, ob eine christliche Partei Muslime in ihren Reihen dulden oder ihnen sogar ein Amt geben könne, wurde von den Verfassern der Erklärung sogleich negativ beantwortet und mit der Forderung nach Rücktritt oder Amtsenthebung des Pressesprechers verbunden. Höhepunkt der anonymen Briefe: Aus gut unterrichteten Kreisen sei zu erfahren gewesen, Hoffmann sei fundamentalistisch eingestellt, und er habe bereits eine Wallfahrt nach Mekka gemacht.

Als mich dieser erste Journalist anrief und auf den Kopf zu fragte, ob ich Muslim sei, erschrak ich fürchterlich! Ich spürte einen Stich mitten durch mein Herz: Hatte ich wirklich glauben können, mein Bekenntnis zum Islam für mich behalten zu können? Wie konnte ich so naiv gewesen sein, zu erwarten, daß niemand damit einen politischen Angriff verbinden könnte? Nach einer Schrecksekunde fielen mir alle die Argumente ein, die ich immer wieder im Kopf durchgespielt hatte, um mich auf eine derartige Situation innerlich vorzubereiten - in der Hoffnung, daß es nie dazu kommen möge.

Meine Antwort lautete, ich betrachtete meine Religion als meine Privatsache und sei nicht bereit, dazu irgendeine Erklärung abzugeben. Auf dem Nachhauseweg nach Dienstschluß hatte ich zum ersten Mal in meinem Leben richtig Angst: Ich fürchtete mich davor, daß die Fenster meiner Wohnung eingeschmissen sein könnten, denn ich stellte mir vor, daß die Schreiber von anonymen Briefen auch bereit sein könnten, noch weiter zu gehen. Erleichtert stellte ich fest, daß nichts geschehen war, aber dieses Gefühl der Bedrohung beschleicht mich heute noch von Zeit zu Zeit.

Heftige Telefonate mit weiteren Journalisten, dem Bonner CDU-Vorsitzenden, dem Kreisgeschäftsführer und wieder mit Journalisten hatten zur Folge, daß die Presse sich bereit erklärte, nicht das Geschäft anonymer Briefeschreiber zu betreiben und sich stattdessen entschloß, meine Privatsphäre zu schützen. Ich bin den Bonner Zeitungen heute noch dafür dankbar, denn obwohl ich mir selbst über neun Monate Zeit gelassen hatte, bis ich nach reiflicher Überlegung mein Bekenntnis zum Islam ablegte, war ich zu diesem Zeitpunkt weder von meiner persönlichen Verfassung noch wissensmäßig in der Lage, einer öffentlichen Kontroverse standzuhalten.

Eines war mir jedoch klar geworden: Bei der Tatsache, daß die Bonner Zeitungen nicht berichteten, handelte es sich nur um einen Aufschub, um geschenkte Zeit. Früher oder später würde wieder ein Parteifreund, ein Nachbar, ein Kollege diese Frage - aus welchen Motiven auch immer - zur Sprache bringen und in die Öffentlichkeit tragen. Mir war klar geworden, daß ich in den Augen einiger Menschen eine Grenze überschritten hatte, die es ihnen leicht machen würde, mich in Zukunft anzugreifen. Zum ersten Mal in meinem Leben bekam ich eine Ahnung davon, was es heißt, blinden Vorurteilen ausgesetzt zu sein. Und ich schwor mir, das nächste Mal darauf gefaßt zu sein, meine Antworten parat zu haben, um diese Vorurteile mit Informationen bekämpfen zu können.

Ich fuhr deshalb fort, mich intensiv mit dem Islam auseinanderzusetzen, so wie ich es in den anderthalb Jahren zuvor getan hatte: Vom Zeitpunkt meiner blitzhaften Erkenntnis, daß der Islam die endgültige Offenbarung Allahs sei, über den Moment meines offiziellen Bekenntnisses zum Islam hinaus bis zum heutigen Tag habe ich nicht nur viele Bücher gelesen, mit vielen Menschen gesprochen, sondern auch einen ständigen inneren Dialog mit mir selbst geführt. Ich stelle mir immer neue Fragen und versuche, sie zu beantworten, in der Hoffnung, so auch einer interessierten oder feindlichen Öffentlichkeit Rede und Antwort stehen zu können.

Die hier vorgelegten Texte dokumentieren diesen gedanklichen Weg von 1988 bis 1994. Manche Themen erscheinen mehrfach an verschiedenen Stellen, weil sie mich immer wieder und unter verschiedenen Aspekten beschäftigt haben, wie z. B. die Frage "Islam und Aufklärung". Einige Texte, die bereits in Publikationen mit kleiner Auflage erschienen sind, habe ich noch einmal aufgenommen, weil sie sich ausführlich mit ganz bestimmten Fragen, wie z.B. dem "djihad", dem sogenannten "heiligen Krieg", befassen. Die hier veröffentlichten Reiseberichte zeigen, wie vielfältig die Welt des Islam ist und wie sich im Laufe der Jahre auch meine Perspektive der westlichen Welt geändert hat.

Islam - die große Befreiung

Das Bild des Islam und der Muslime im Vorurteil ist eindeutig: Die Religion ist mittelalterlich, unaufgeklärt, ihre Anhänger sind sich blutig geißelnde Fanatiker, die sich Sklaven Allahs nennen.

Die vielen "Dialog"-Veranstaltungen, die landauf landab stattfinden, bewirken in dieser Hinsicht - so gut es ist, daß es sie überhaupt gibt - wenig Änderung. Meistens geht es dabei um Politik, und die Muslime in Deutschland werden pauschal verantwortlich gemacht für alle Übeltaten von Herrschern und Diktatoren im islamisch-arabischen Bereich in den vergangenen Jahrhunderten und in der Gegenwart. Über die grundlegenden Glaubensinhalte des Islam und damit über die wesentlichen Unterschiede zwischen Islam und Christentum wird so gut wie nie gesprochen.

Für mich war der Islam von dem Augenblick an, da ich mir einen ersten Überblick über seine zentralen Aussagen gemacht hatte, ganz etwas anderes, als es dem Bild des westlichen Vorurteils entspricht:

- die befreiende Erkenntnis, daß es nur Allah gibt, einzig und allmächtig, der niemanden neben sich kennt, der dem Gläubigen aber zugleich näher ist als seine eigene Halsschlagader;

- die befreiende Erkenntnis, daß es keinen Vermittler zwischen mir und Allah gibt: keinen Jesus Christus, der sagt, "niemand kommt zum Herrn denn durch mich", keinen Pastor und keine institutionalisierte Kirche;

13

- die befreiende Erkenntnis, daß ich nicht als Sünder geboren bin und die Sünden meiner Vorväter seit meiner Geburt mit mir trage.

Die Freiheit von Sünde

Der Qur'an ist die letzte und endgültige Offenbarung Allahs, mit universaler Gültigkeit in zweierlei Hinsicht: gültig für alle Zeiten - vor Beginn unserer Zeitrechnung und weit über sie hinaus - und für die gesamte Schöpfung. (Diesem Universalitätsanspruch setzt der Westen den "universalen" - nicht etwa nur "globalen" - Anspruch des im Westen erdachten Konzeptes der Menschenrechte entgegen. Es ist offensichtlich, daß sich hier eine Reibungsfläche bietet, die jede islamisch-westliche Diskussion über Menschenrechte begleitet.)

Der Islam birgt in sich zugleich die zentralen Aussagen der beiden vor ihm entstandenen "Buchreligionen", Judentum und Christentum, und er ist die Richtigstellung aller vorherigen Mißverständnisse und Verfälschungen der Botschaft Allahs.

Die Darstellung des Sündenfalls im Qur'an und das Fehlen des Prinzips der Erbsünde waren für mich die zentralen Entdeckungen dieser letzten Offenbarung, eine Richtigstellung, die für mich die große Befreiung von dem Alpdruck der zentralen Lehre des Christentums brachte, ohne eigenes Handeln von Geburt an schuldig zu sein.

Der Sündenfall wird im Qur'an mit folgenden Worten beschrieben (Sura 2:30 - 37):

"Und (gedenke) als dein Herr zu den Engeln sprach: 'Ich werde auf der Erde einen Nachfolger einsetzen.' Sie sagten: 'Willst Du auf ihr einen einsetzen, der auf ihr Unheil stiftet und Blut vergießt, während wir dein Lob singen und deine Heiligkeit rühmen?' Er sprach: 'Ich weiß, was ihr nicht wißt.' Und Er lehrte Adam alle Dinge samt ihren Namen. Dann führte Er sie den Engeln vor und sprach: 'Tut mir die Namen dieser kund, so ihr die Wahrheit sagt.' Sie sagten: 'Preis sei Dir! Wir haben kein Wissen außer dem, was Du uns gelehrt hast. Du bist der, der alles weiß und weise ist.' Er sprach: 'O Adam, tu ihnen ihre Namen kund.' Als er ihre Namen kundgetan hatte, sprach Er: 'Habe ich euch nicht gesagt: Ich weiß das Unsichtbare der Himmel und der Erde, und Ich weiß, was ihr offenlegt und was ihr verschweigt?' Und als Wir zu den Engeln sprachen: 'Werft euch vor Adam nieder.' Da warfen sie sich nieder, außer Iblis. Der weigerte sich und verhielt sich hochmütig, und er war einer der Ungläubigen.

Und Wir sprachen: 'O Adam, bewohne du und deine Gattin das Paradies. Eßt reichlich von ihm zu eurem Wohl, wo ihr wollt. Aber naht euch nicht diesem Baum, sonst gehört ihr zu denen, die Unrecht tun.' Da ließ sie Satan beide vom Paradies fallen und vertrieb sie vom Ort, wo sie waren. Und Wir sprachen: 'Geht hinunter. Die einen von euch sind die Feinde der anderen. Ihr habt auf der Erde Aufenthalt und Nutznießung für eine Weile.' Da nahm Adam von seinem Herrn Worte (der Umkehr) entgegen, so wandte Er sich ihm gnädig zu. Er ist der, der sich gnädig zuwendet, der Barmherzige."

Der Sündenfall geschieht also mit folgenden Schritten:

- Allah gibt Adam das Wissen über alle Dinge.
- Allah fordert die Engel, die dieses Wissen nicht haben, auf, sich vor Adam niederzuwerfen. Alle tun dies, außer Iblis, dem Satan.
- Allah gibt Adam und seiner Frau das Paradies als Wohnstatt und verbietet ihnen, sich "diesem Baum" zu nähern.
- Satan läßt sie beide vom Paradies abfallen. (Die Frau wird also nicht wie im Christentum als große Verführerin gebrandmarkt!)
- Allah wendet sich Adam unmittelbar, nachdem dieser die Tat bereut, gnädig zu.
- Allah sendet beide Menschen auf die Erde: "Ihr habt auf der Erde Aufenthalt und Nutznießung für eine Weile."

Als Protestant erzogen in einer Familie, die ihr religiöses Bekenntnis bis ins 16. Jahrhundert zurückverfolgen kann, hatte ich im Religions- und Konfirmationsunterricht immer eine ganz andere Darstellung des Sündenfalls vermittelt bekommen, verbunden mit der Lehre, daß der Mensch von Geburt an ein Sünder ist.

Kurz zusammengefaßt werden in der Bibel der Sündenfall und das Prinzip der Erbsünde wie folgt beschrieben:

- Gott verbietet den Menschen, die Früchte vom Baum der Erkenntnis (!) zu essen. ("... denn sobald Du davon ißt, wirst Du sterben.")
- Der Teufel in der Gestalt der Schlange verführt die

16

Frau und diese verführt Adam, von den Früchten zu essen. (Auf die unterschiedliche Rolle der Frau in Bibel und im Qur'an sei hier noch einmal hingewiesen!)

- Es folgt eine in Worten ungeheuer beeindruckende Verdammnis: Die Frau soll in Zukunft unter Schmerzen gebären, die Menschen sollen ihr Brot im Schweiße ihres Angesichtes essen.
- Gott bestraft beide durch die Vertreibung aus dem Paradies, damit der Mensch nicht auch noch die Hand ausstreckt und vom Baum des Lebens nimmt, davon ißt und ewig lebt.

In Römer 5, Vers 12-21 wird das Prinzip der Erbsünde und die Verheißung der Erlösung beschrieben:

- Durch einen einzigen Menschen kam die Sünde in die Welt und mit ihr der Tod. Der Tod herrschte "von Adam über Mose auch über die, welche nicht wie Adam durch Übertretung des Gebotes gesündigt hatten".
- Erst der Kreuzigungstod von Jesus Christus befreit die Menschen von der Erbsünde.

Diese Aussagen waren für mich der Grund, warum ich mich als Protestant nie in meiner Religion wohlgefühlt hatte. Ich konnte nicht verstehen, warum ich als Sünder geboren sein sollte und warum Gottes Sohn für mich sterben mußte, um mir die Chance zur Erlösung zu ermöglichen.

Der Vergleich dieser beiden Aussagen läßt erkennen, daß der Islam in bezug auf das Christentum eine in der

Tat korrigierende und aufklärerische Botschaft enthält: Der Mensch genießt die Freiheit von der Erbsünde. Er wird unschuldig geboren, mit der Fähigkeit, Sünden zu begehen oder ein gottgefälliges Leben zu führen. Auch eine grundlegende "Verdammnis" fehlt: Der Mensch erhält die Nutznießung der Erde für ein Weilchen. (Kein Wort auch davon, daß er sie sich untertan machen soll oder darf.)

Weitere wichtige Unterschiede kommen hinzu: Im Islam ist Jesus Prophet und nicht der Sohn Allahs. Er ist nicht am Kreuz gestorben. Jesus ist nicht der Vermittler zwischen Allah und Mensch. Der Mensch muß sein Tun und Handeln direkt vor Allah verantworten, Allah, der die Attribute "der Erbarmer, der Barmherzige" trägt.

Der Mensch im Islam ist also durch die Gnade Allahs von Anbeginn an viel freier als der Christ. Die "große Freiheit" im Christentum erfolgt erst durch eine als unglaublicher Gnadenakt bewertete Handlung Gottes: Dadurch, daß Gott seinen eingeborenen Sohn opfert - und damit etwas begeht, daß er selbst Abraham nicht zumutete, zu tun.

Diese Erlösung bleibt jedoch eine Verheißung für eine andere Welt. Auf Erden werden die Menschen in dem Wissen erzogen, Sünder zu sein. Ihnen wird vermittelt, daß das Leben Leiden ist: Leiden auf der Erde als Strafe für den Sündenfall, der zur Folge hat, daß sie z. B. ihr Brot nur im "Schweiße ihres Angesichtes" essen dürfen und Frauen unter Schmerzen gebären müssen.

Macht man sich diese geistige Belastung deutlich, der Generationen von Christen jahrhundertelang durch ihre

Religion unterworfen wurden, ist vielleicht verständlich, wie groß von ihnen die Befreiung durch die "Aufklärung" des 18. Jahrhunderts empfunden wurde. Denn diese Aufklärung war ja nicht nur eine Befreiung von der Bevormundung durch kirchliche Institutionen und königliche Willkürherrschaft. Mit der Verkündung des Rechts auf die "Verfolgung des Glückes" war sie auch ein Widerruf der göttlichen Verdammung der ersten Menschen.

Der amerikanische Autor William Manchester kommt zu einem entsprechenden Schluß. Er ordnet diese große Befreiung allerdings der Renaissance - nicht der Aufklärung - zu:

"In den alten Texten der Renaissance fanden die Wissenschaftler eine ungewöhnliche Ehrfurcht vor der Humanität, die, ohne die Bibel zu mißachten, sie auf jeden Fall in den Schatten stellte. Und in der Weisheit des Altertums entdeckten diese Wissenschaftler den Respekt vor dem Menschen im freien Ausdruck seiner natürlichen Impulse, unbelastet von der korrumpierenden Bürde der Erbsünde."[1]

Im Islam genießt der Mensch nicht nur die Freiheit von der christlichen Erbsünde. Durch die völlig andere Darstellung des Sündenfalls im Qur'an unterscheidet sich auch die Einstellung des Muslim zum Wissen und zur Suche nach Wissen grundlegend von der des Christen.

Der sicher zentralste Unterschied zum christlichen
Sündenfall besteht darin, daß er nicht durch den Genuß
der verbotenen Frucht vom Baum der "Erkenntnis" erfolgt. Der Sündenfall geschieht, nachdem Allah Adam
das Wissen um die Dinge vermittelt hat. Die Konsequenzen waren für die geschichtliche Entwicklung von
Christentum und Islam von unübersehbarer Bedeutung:
Im Christentum wurden die Erkenntnis, das Streben
nach Wissen durch die Darstellung des Sündenfalls in
der Bibel kriminalisiert, im Islam kommt das Wissen
von Allah. So ist es nicht verwunderlich, wenn Sigrid
Hunke feststellt, daß Christentum und Islam ganz unterschiedliche Wege einschlugen "in das Dickicht des
unbekannten Reiches der Natur, (und) das eröffnete den
Arabern einen Vorsprung von fünf bis sechshundert
Jahren vor dem Abendland."[2]

Der Autor Akbar S. Ahmed berichtet:

"Ilm (Wissen) ist das zweitmeist gebrauchte Wort im
Qur'an nach Allah. Die Menschen werden an mindestens 300 Stellen aufgefordert, ihren Verstand zu ge-
brauchen und zu denken. Viele Überlieferungen un-
terstützen das. Der Prophet sagte, 'Das erste was Allah schuf, war der Intellekt.' Ali wird zitiert: 'Allah
gab an Seine Diener nichts, das höher wertgeschätzt
werden könnte, als den Intellekt.'"[3]

William Manchester stellt in diesem Zusammenhang
fest:

"Sankt Bernard von Clairvaux (1090 - 1153), der einflußreichste Christ seiner Zeit, mißtraute dem Intellekt zu tiefst, und er erklärte, daß die Suche nach Wissen, außer wenn sie durch eine heilige Mission religiös fundiert sei, ein heidnischer Akt und darum verbrecherisch sei."[4]

Auch hier kam also die große Freiheit, die der Muslim durch die Gnade Allahs von Anbeginn hat, die Freiheit zu wissen und nach Wissen[5] zu streben, wie sie an anderer Stelle im Qur'an als göttlicher Auftrag und in vielen Hadithen (Aussprüchen des Propheten Muhammad) als Pflicht formuliert wird, für die Christen erst nach dem Aufbegehren durch die Aufklärung. Dieses Aufbegehren ist doppelt: gegen Kirche und Könige, aber auch gegen die ursprüngliche religiöse Verkündung. Der Muslim braucht nicht erst "Mut" wie der Christ, um sich seines Verstandes zu bedienen, wie es das zentrale Gebot der Aufklärung gebietet!

Die Freiheit zu dienen

Der zentrale politische Begriff der westlichen Welt ist heute die "Freiheit". Was als Schaffung von Freiräumen gegen Kirche und weltliche Herrschaft begann, hat sich ausgeweitet zu einem fast grenzenlosen Forderungskatalog nach Freiheitsrechten, die nicht einmal mehr vor Forderungen zurückschrecken wie z. B. "mein Bauch gehört mir", eine Forderung, die letztendlich die Freiheit zur Abtreibung und damit zur freien Entscheidung über Leben und Tod beinhaltet. In den vergangenen Jahrhunderten hat sich so eine Emanzipation gegenüber religiösen Inhalten durchgesetzt, die zu einer fast grenzenlosen Freiheit geführt hat.

Der Islam gesteht dem Muslim Freiheiten einer ganz anderen Dimension zu. Dennoch haben diese weitreichenden Freiheiten im Islam nicht zu solchen Zuständen grenzenloser Libertinage geführt, wie wir sie heute im Westen sehen. Die Erklärung hierfür läßt sich aus dem völlig anderen Lebensgefühl herleiten, das den Muslim vom Christen unterscheidet: Die von Allah gegebene Freiheit von der Erbsünde läßt ihn seinem Schöpfer gegenüber zutiefst dankbar sein. Zugleich weiß er, daß er seine Taten gegenüber Allah zu verantworten hat.

"Sprich: Was streitet ihr mit uns über Allah, wo Er unser Herr und euer Herr ist? Wir haben unsere Werke, und ihr habt eure Werke (zu verantworten)." (Sura 2:139)

Die Freiheit, nach Wissen streben zu dürfen, ja zu sollen, vermittelt ihm kein schlechtes Gewissen gegenüber Allah, wenn er versucht, den Dingen auf den Grund zu gehen. Der Muslim hat Allah gegenüber also ein ungebrochenes Verhältnis.

Sein ungebrochenes Verhältnis gegenüber Allah macht es dem Muslim leicht, Allahs Geboten zu folgen, die ihm manches, was westliche Menschen als "Freiheiten" feiern, schlichtweg verbieten: Aber er hat die Freiheit, Allah zu dienen. Das Wort Allahs bestimmt sein ganzes Leben, sein soziales Verhalten; sein Leben ist "Gottesdienst". Vielleicht ist es nicht nur eine Zufälligkeit der Sprache, wenn man sich vor Augen führt, daß viele Christen sicher versuchen, nach den Geboten Gottes zu leben, daß selbst im "säkularisierten" Deutschland das Christentum die Regeln des staatlichen und persönlichen Lebens bestimmt, daß aber heute der "Gottesdienst" für viele Christen nur zu einer bestimmten Zeit an einem bestimmten Ort, nämlich der Kirche stattfindet. Der Gedanke Martin Luthers, jede Handlung sei "Gottesdienst", ist längst verlorengegangen. Im Gegensatz dazu dient der Muslim während jedes Augenblickes seines ganzen Lebens bewußt dem Willen Allahs, "Gottesdienst" findet nicht nur durch das Gebet statt! Das Gebet: sei es alleine oder in Gemeinschaft, in einer Moschee oder in der Unendlichkeit der Wüste, gegen Mekka gewandt und unter dem schimmernden Sternenhimmel, an dessen Rand die Dämmerung des kommenden Morgens heraufzieht.

Ein kleiner literarischer Exkurs

Es wäre sicher interessant, zu untersuchen, inwieweit die zentrale Aussage des Aufsatzes "Das Marionettentheater" von Heinrich von Kleist, in dem er sich mit der Tatsache des gebrochenen und ungebrochenen Verhältnisses zu Gott beschäftigt, auch für Muslime gilt: Kleist beschreibt einen jungen Mann, der seine natürliche Grazie verliert, weil er sich durch einen Blick in den Spiegel seiner selbst bewußt wird. Trotz aller Anstrengungen erlangt er diese natürliche Grazie nicht wieder. Kleist folgert daraus, daß es Vollkommenheit nur im Zustand völliger Unbewußtheit gibt oder im Zustand eines absoluten Bewußtseins. Für ihn ist die von außen gesteuerte Marionette das eine Extrem und das durch eine Unendlichkeit gegangene Bewußtsein das andere Extrem - Gott. Das ungebrochene Verhältnis eines Muslim gegenüber Allah läßt vermuten, daß das Bewußtsein eines Muslim die Form der Entfremdung, die der Kleistsche Jüngling erfährt, nicht kennt.

Ebenso interessant wäre es, der Frage nachzugehen, ob es in der islamischen Kultur- und Literaturgeschichte eine Gestalt gibt, die dem Mythos des Faust entspricht. Da das Wissen im Islam und das Streben danach von Allah nicht tabuisiert ist, ist zu vermuten, daß es im islamischen Kulturkreis auch keine Gestalt gibt, die einen Pakt mit dem Teufel schließen muß, um in den Besitz des Wissens zu kommen, nachdem sie nun ach so lange studiert hat und genauso klug als wie zuvor ist.

Von der Erkenntnis zum Bekenntnis

Es traf mich wie ein Schlag aus heiterem Himmel! Nie werde ich diesen sonnigen Sonntagnachmittag im Juni 1988 vergessen. Ich saß auf dem Balkon meines Elternhauses und blickte über unseren Garten im ersten Frühlingsgrün. Ich las ein Buch über die Rückkehr des Iran zum Islam, weil es von einem meiner Lieblingsautoren geschrieben worden war - nicht aus Interesse am Islam.

Plötzlich und völlig unerwartet hatte ich das Gefühl, die Sonne am strahlend blauen Himmel habe sich in einen Lichtblitz von unglaublicher Helle verwandelt, und in diesem Augenblick erkannte ich: Es gibt nur einen Gott: Allah, und der Islam ist die letzte von ihm offenbarte Religion! Ich spürte in mir eine augenblickliche totale Veränderung: Hatte ich bis zu diesem Moment die Bäume vor mir ganz naturwissenschaftlich als Dinge, als biologische Phänomene in einer astronomischen Umgebung - Himmel und Erde - gesehen, so erkannte ich nun meine Umwelt als Schöpfung Allahs. Und ein unglaubliches Gefühl durchflutete mich, ein Gefühl, das ich später im Qur'an beschrieben fand: "Wen Allah rechtleiten will, dem weitet Er die Brust für den Islam." (Sura 6:125) Es war, als seien metallene Ringe von meiner Brust genommen worden und als könne ich zum erstenmal wirklich frei atmen.

Meine erste Reaktion war totaler Unglaube: Derartige Dinge geschehen nicht am Ende des zwanzigsten Jahrhunderts, und wenn, dann bestimmt nicht jemandem wie mir. Wer war ich denn überhaupt? Ein Mann, vierzig Jahre alt, geboren in Berlin, aufgewachsen in Hamburg und München, in London zur Schule gegangen; glücklich in einer wunderbaren Familie, mit Onkeln, Tanten, Cousins, Cousinen und einem Patenkind; mit einer Arbeit, die Spaß machte, im Beruf meiner Wahl, mit gutem Gehalt; ein Mann, der in seinen Ferien gerne in ferne Länder reiste; ein Mann, zufrieden und glücklich, ohne irgend etwas zu vermissen, ohne auf der Suche nach irgend etwas zu sein.

Ich war so aufgewühlt, daß ich nicht mehr weiterlesen konnte. Stattdessen ging ich ins Wohnzimmer, um in einem alten Wörterbuch den Begriff Islam nachzuschlagen. Die paar Zeilen dort machten mich nicht viel schlauer, darum ging ich am nächsten Tag nach Dienstschluß sofort in einen Buchladen und kaufte mir mein erstes Buch über den Islam. 1988 war das gar nicht so einfach, denn der Islam hatte noch keine Konjunktur. Die setzte erst zwei Jahre später nach dem Einmarsch Saddam Husseins in Kuwait und nach dem Zusammenbruch der sozialistischen Welt ein, als es darum ging, schnellstmöglich Erklärungsmuster für das Geschehene zu entwickeln und an einem neuen Feindbild zu arbeiten.

Um so viel wie möglich über den Islam in Erfahrung zu bringen und herauszufinden, wie man Muslim wird oder ob es irgendeinen Grund gab, nicht Muslim zu werden, kaufte und las ich so gut wie jedes Buch, das in deutschen Buchläden erhältlich war, bei Reisen nach Amsterdam, London und in die USA füllte ich Rucksack und Koffer mit weiteren Büchern - über Religion und Philosophie, Geschichte und Politik, gute Bücher und schlechte Bücher.

Zunächst prägte ich mir nur die einfachsten zentralen Grundaussagen ein. Die fünf Säulen des Islam sind:

- *shahada*, das Glaubensbekenntnis: *Aschadu an, la ilaha illa Allah, wa aschadu ana, Muhammadun rasulu Allah* (Ich bezeuge, es gibt keine Gottheit neben dem einzigen Gott und ich bezeuge, Muhammad ist sein Prophet);
- *salat*, das Gebet, das fünfmal am Tag gesprochen wird;
- *zakat*, die Glaubensspende für die Armen;
- *saum*, das Fasten im Monat Ramadan und
- *hajj*, die große Pilgerfahrt nach Mekka, die jeder Muslim einmal in seinem Leben machen muß.

Informationen über das alltägliche Leben herauszufinden und sich (zunächst probeweise) daran zu halten, war schon schwieriger: Daß Muslime kein Schweinefleisch essen und keinen Alkohol trinken dürfen, gehört zu den wenigen Dingen, die zum Allgemeinwissen gehören, doch der Schritt in die Praxis war nicht leicht: Zu Hause kein Schweinefleisch mehr zu verwenden, ging relativ einfach. Auf einen Drink oder ein Bier zu verzichten, wenn es eigentlich zum normalen Konsum gehört hatte, war schon schwieriger, doch auch das ging zu Hause, nachdem ich einfach keinen Alkohol mehr kaufte. Auf Parties angebotene Getränke abzulehnen, erzeugte jedoch die ersten hochgezogenen Augenbrauen. "Was ist denn auf einmal los", fragten sich viele beim Stammtisch der CDU.

Herauszufinden, wie man richtig betet, war noch viel schwieriger. Jedes Kind weiß: "Muslime beten in Richtung Mekka." Wo ist aber Mekka von Bonn aus? (Dafür gibt es Kompasse, und für die Gebetszeiten gibt es Tabellen.) Wie lauten die Texte der Gebete? Wie geschieht die rituelle Reinigung vor dem Gebet? Wie ist der Bewegungsablauf des Gebets? Fragen über Fragen! Und: Wo finde ich Muslime, die ich fragen kann?

In Bonn gibt es keine Moschee, die man an ihrem Baustil erkennt. Der Blick ins Telefonbuch zeigte zwar eine islamische Moscheengemeinschaft, doch die Anschrift bezog sich auf ein Gebäude irgendwo in einem Hinterhof und meine angeborene Schwellenangst hielt mich davon ab, durch diesen Hof zu gehen und die Tür zu einem unbekannten Raum mit fremden Menschen aufzustoßen. Nach wochenlangem Zögern rief ich endlich ein Islamarchiv in einer anderen Stadt an, von dem ich gehört hatte, doch die versprochenen Informationen über die täglichen Gebete kamen nie.

Schließlich nahm ich allen Mut zusammen und rief bei der Botschaft des Königreichs Saudi Arabien an, da ich mir dachte, daß ich von Bürgern des Landes, in dem die heiligen Städte des Islam, Mekka und Medina, liegen, sicher Antworten auf meine Fragen erhalten könnte.

Im März 1989 hatte ich endlich die Gelegenheit, in langen und intensiven Diskussionen alle Fragen, die mich bewegten, zu stellen und ich erhielt alle Antworten, die ich suchte. Ich erfuhr dort auch, daß man Muslim wird, indem man vor zwei Zeugen das Bekenntnis zum Islam ablegt, doch bis ich innerlich so weit war, dauerte es noch eine Weile.

Je mehr ich über den Islam herausfand, desto stärker wurde allerdings in mir der Wunsch, meiner blitzhaften

Erkenntnis zu folgen, das Bekenntnis zum Islam abzulegen und damit Muslim zu werden. Ich stellte mir vor, welche Antwort ich Allah am Tag des jüngsten Gerichts auf seine Frage, warum ich seinem Fingerzeig nicht gefolgt sei, geben sollte. Und ich stellte fest, daß ich bis jetzt keinen Grund gefunden hatte, seinem Zeichen nicht zu folgen.

Um ganz sicher zu sein, hatte ich mir drei Bedingungen gestellt: Ich wollte auf jeden Fall den Qur'an einmal durcharbeiten, ein islamisches Land besuchen, um ein Gefühl für islamisches Leben zu bekommen, und ich wollte sicher sein, daß ich auch als Muslim meinen Beruf in der Bundesgeschäftsstelle der CDU weiter ausüben konnte.

Das Unterfangen, den Qur'an durchzuarbeiten, erwies sich als äußerst schwierig. Mit einer, wie ich heute weiß, sehr schlechten Übertragung der Bedeutung des Qur'an - noch dazu ohne Erläuterungen - war vieles für mich absolut unverständlich. Ich las jedoch eisern von Anfang bis Ende und fand in der 112. Sura eine Aussage, die für mich die zentrale Botschaft des Islam ist.

In der Sura "Al-Ikhlas" (Die Reinheit [des Glaubens]) heißt es:

> "Im Namen Allahs, des Erbarmers,
> des Barmherzigen!
> Sprich: 'Er ist Allah,
> ein Einziger,
> Allah, der Absolute (ewig Unabhängige,
> von dem alles abhängt).
> Er zeugt nicht
> und ist nicht gezeugt worden,
> und keiner ist Ihm gleich.'"

Für mich ist diese Sure die schönste und reinste Beschreibung des Monotheismus, den ich, ohne es eigentlich zu wissen, mein ganzes Leben lang gesucht hatte. Die Lektüre dieser Sure hob die Grenze zwischen mir und dem Islam endgültig auf.

Traumhaft war meine erste Reise in ein islamisches Land: Wegen der leichten touristischen Zugänglichkeit hatte ich mir eine Rundreise durch die Vereinigten Arabischen Emirate ausgesucht. Der morgendliche Gebetsruf, der vor Sonnenaufgang aus unzähligen Moscheen über die Stadt hallte, die betenden Menschen in und vor den Moscheen und die Kamelhirten in der Wüste, die sich kurz nach dem Sonnenuntergang in der bläulichen Wüstendämmerung gen Mekka verbeugten, hinterließen einen unauslöschlichen Eindruck.

Die Frage nach meiner beruflichen Zukunft war schnell beantwortet. Auf Seite eins des Grundsatzprogramms der CDU fand ich in der Präambel den Satz, daß das christliche Bild vom Menschen die Grundlage für das politische Handeln der CDU sei - ein Menschenbild, das dadurch definiert wird, daß der Mensch sich nicht sich selbst verdankt, sondern einem höheren Schöpfer. Es heißt weiter, dieses Menschenbild ist die Grundlage für das Zusammenarbeiten von Christen und Nichtchristen in der CDU. Damit war für mich die Sache klar, denn dem so definierten christlichen Bild vom Menschen kann auch ein Muslim ohne weiteres zustimmen.

Irgendwann sprach mich auch mein Vater, mit dem ich zusammen lebe, an, und er fragte mich, ob ich ihm nicht etwas über den Islam sagen könne, da ich mich seit Monaten mit nichts anderem mehr beschäftige. Ich erklärte ihm die drei wichtigsten Unterschiede zum Christentum, und darauf meinte er: "Das scheint ja eine vernünftige Religion zu sein. Ich freue mich, daß Du den Weg dazu gefunden hast!" Damit war dieses Thema für ihn abgeschlossen!

Ich nahm deshalb ein letztes Mal allen meinen Mut zusammen, um die saudische Botschaft anzurufen und um einen weiteren Termin zu bitten. An einem klaren Märztag mit strahlendem Sonnenschein ging ich und legte vor mehreren Zeugen mein Bekenntnis zum Islam ab. Es war sicherlich fürchterliches Arabisch, aber es kam aus der Tiefe meines Herzens:

"Aschadu an, la ilaha illa Allah,
wa aschadu ana, Muhammadun rasulu Allah!"

"Ich bezeuge, es gibt keine Gottheit neben dem einzigen Gott und ich bezeuge, Muhammad ist sein Prophet."

Nachdem mich die Anwesenden beglückwünscht und mir ein langes Leben gewünscht hatten, begann einer von ihnen über meine frühere Religion zu sprechen. Er drückte die Hoffnung aus, daß ich nun, nachdem ich diesen bedeutenden Schritt getan hätte, nicht mit Zorn auf das Christentum zurückblicken würde. Denn Muslime verehren auch Jesus als Propheten und Maria, seine Mutter. Und als ob er mir eine Brücke bauen wollte zwischen meiner alten und meiner neuen Religion, fügte er tröstend hinzu, daß Muslime nicht glauben, daß Jesus selbst getötet worden sei.[6]

Diese Worte bedeuteten sehr viel für mich und sie machten mich glücklich, denn ich wußte nun, daß ich, ohne meine Vergangenheit verleugnen zu müssen, in meiner neuen Zukunft leben konnte.

Dann wurde es Zeit, die Botschaft zu verlassen und wieder in mein Büro zu gehen, und wir verabschiedeten uns voneinander. Bevor ich den Raum verließ, sah mir der Mann, mit dem ich die intensivsten Gespräche geführt hatte, tief in die Augen und sagte: "Bitte vergiß niemals, von jetzt an sind wir Brüder!" (Eine Aussage, deren tiefe Bedeutung mir damals nicht im geringsten verständlich war.)

Islam und Aufklärung - erste Annäherung

Die Frage nach "Islam und Aufklärung" war und ist eines der zentralen Themen westlicher Medien, aber auch von Gesprächen im islamischen Bereich. Nicht zuletzt, um mir selbst Klarheit zu verschaffen, versuchte ich im Mai 1989 bereits kurz nach meinem Bekenntnis zum Islam mit einigen knappen Thesen, die wesentlichen Begriffe der Aufklärung auf ihre Bedeutung im Islam und in der westlichen Welt hin zu untersuchen.

In westlichen Texten ist "Aufklärung" ein klar definierter Begriff einer bestimmten philosophischen Bewegung, die als Ursprung der Entwicklung der westlichen Gesellschaften in den vergangenen zwei Jahrhunderten angesehen wird.

Für westliche Autoren ist es ganz klar, daß Gesellschaften, die keine "Aufklärung" hatten, nicht auf der gleichen kulturellen Entwicklungsstufe sein können, wie der Westen.[7] Was diese Autoren übersehen, ist die Tatsache, daß westliche und islamische Gesellschaften unterschiedlichen Entwicklungspfaden folgen: Denn die westliche Aufklärung ist die Antwort und die Reaktion auf eine ganz bestimmte Entwicklung der westlichen Gesellschaft bis zu dieser Zeit. Der Islam hingegen braucht diese Art westlicher Aufklärung nicht, da er die zentralen Inhalte der Aufklärung seit seinem Beginn in sich trägt.

Es mag für den Anfang genügen, einige einfache Definitionen für das Wort Aufklärung aus dem Lexikon zu nehmen und sie mit islamischen Aussagen zu vergleichen:

Wenn westliche Aufklärung bedeutet "Aufstand gegen die Kirche und religiöse Institutionen", dann braucht der Islam diese Art der "Aufklärung" nicht, denn der Islam kennt keine institutionalisierte Kirche und keine religiöse Hierarchie, wie sie im Christentum bekannt ist.

Wenn westliche Aufklärung bedeutet "die Entdeckung der Toleranz", dann braucht der Islam diese Art der "Aufklärung" nicht, denn Toleranz ist die Essenz des Islam: "Es soll kein Zwang sein in Glaubensdingen." (Sura 2:256)

Wenn westliche Aufklärung bedeutet "die Entdeckung der Gleichheit aller Menschen", dann braucht der Islam diese Art der "Aufklärung" nicht, denn die Gleichheit der Menschen ist eine der zentralen Botschaften des Islam.

Wenn westliche Aufklärung bedeutet "die Einführung an Gesetze gebundener Herrschaft, die es den Menschen ermöglicht, sich selbst zu regieren", dann braucht der Islam diese Art der "Aufklärung" nicht, denn der Qur'an ist das umfassende Gesetzbuch Allahs und der Prophet Muhammad gab das perfekte Beispiel für unser Zusammenleben.

Wenn westliche Aufklärung bedeutet "der Beginn der Säkularisierung", dann will der Islam diese Art der "Aufklärung" nicht, denn unter dem Schlagwort der Trennung von Kirche und Staat fand die Vertreibung der Religion aus dem Alltagsleben statt und die geistige

Leere westlicher Gesellschaften ist kein positives Beispiel der Erfolge der Säkularisation.

Wenn westliche Aufklärung bedeutet "Die Einführung eines radikalen Atheismus", dann will der Islam diese Art der "Aufklärung" nicht, denn sie ist ein Verrat an Allah.

Es stellt sich zurecht die Frage, warum die westlichen Gesellschaften einen solchen Boom wissenschaftlicher Erkenntnisse erfahren konnten, der seinerseits die wirtschaftliche Entwicklung stimulierte und letztlich zur Kultur des zwanzigsten Jahrhunderts führte. Warum fand dieser Boom nicht in der islamischen Welt statt, besonders vor dem Hintergrund der Tatsache, daß die islamische Kultur in ihren ersten Jahrhunderten so fortgeschritten und höher entwickelt war als jede andere?

Eine Antwort darauf könnte sein, daß zu einem bestimmten Zeitpunkt die Tore des *idschtihad*, der "kreativen Selbstanstrengung, um Gesetze aus den Quellen des islamischen Rechts abzuleiten", geschlossen wurden - aus politischen Gründen, weil es zu viele Bedrohungen von außen gab, und aus wissenschaftlichen Gründen, weil man davon ausging, es gäbe kein neues Wissen mehr zu erwerben. Von diesem Zeitpunkt an ging der Islam in einen Kokon und sein Wissen wurde ohne Änderung und Weiterentwicklung von Generation zu Generation weitergegeben durch die Jahrhunderte. (Eine Ausnahme bildet der Islam shiitischer Richtung, in dem die Rechtsentwicklung weiterging.)

Zu den Fundamenten des Islam zurückzukehren, heißt deshalb heute vor allem: zur Offenheit der Wissenssuche zurückzukehren: "Suche das Wissen, selbst wenn Du bis nach China gehen mußt!" Diese Maxime des Propheten Muhammad war zu damaligen Zeiten angesichts der Entfernungen gewiß revolutionär, sie sollte auch heute für uns verbindlich sein!

Als Muslim leben in Deutschland

Die islamische Tradition sagt: Jedes Kind wird als Muslim geboren, es sind erst seine Eltern, die es zu etwas anderem erziehen. Legt also ein Erwachsener das Bekenntnis zum Islam ab, kehrt er zu seinem Ursprung, in seine Kindheit zurück. Da mir klar war, daß ich mit meinem Bekenntnis zum Islam nicht nur eine andere Art zu beten gewählt hatte, sondern daß der Islam alle Situationen des täglichen Lebens regelt, wurde mir schnell bewußt, daß ich aus einer Lebensweise, die ich vierzig Jahre lang zu beherrschen gelernt hatte, herausgetreten war in ein völlig neues Umfeld, über das ich eigentlich nichts wußte. Anders als in der Kindheit jedoch war ich mir meiner Unwissenheit schmerzlich bewußt und so begab ich mich erneut auf die Suche nach Informationen und Wissen. Das war nicht so einfach, denn abgesehen von den Brüdern, die Zeugen meines Bekenntnisses gewesen waren, kannte ich keinen anderen Muslim, den ich hätte fragen können.

Diesmal half mir auch der Gang in den Bücherladen nicht. Denn obwohl sich etwa 90 Prozent der Muslime "Sunniten" nennen - d. h., daß sie ihr tägliches Leben an der Sunna, den Traditionen und Regeln des Propheten Muhammad orientieren - kann man - wenigstens in Deutschland - diese "Sunna" nicht gebunden im Buchhandel kaufen. Einige wenige Hadithe (Aussprüche des Propheten) gibt es in Veröffentlichungen, doch diese sind meist theologischer Natur und helfen dem jungen Muslim wenig.

Es dauerte eine Zeitlang, bis ich den Mut fand, jene Telefonnummern zu benutzen, die ich in der Botschaft erhalten hatte, und bis ich meine ersten Schritte machte, etwas über islamische Lebensweise zu lernen: In der Eisenbahn auf dem Weg nach Aachen, wo ich eine Einladung von einer Gruppe von Muslimen hatte, die sich jeden Freitag zum "Tee" trifft, kam mir auf einmal die spontane Idee, daß "Tee" im islamischen Umfeld sicher eine andere Bedeutung hat, als im nicht-islamischen: kein Treffen zum gedankenlosen Tratsch, sondern zur Beschäftigung mit dem Qur'an, mit anschließendem Tee und Gebäck. So war es auch!

An der Haustür erhielt ich gleich meine erste Lektion in islamischem Benehmen: Wie es dem guten Ton in Deutschland entspricht, hatte ich für die Dame des Hauses einen kleinen Blumenstrauß mitgebracht. Da sie eine Österreicherin war, die einen arabischen Muslim geheiratet hatte, kam ich mit einem Lächeln davon und dem Hinweis: "Das ist bei uns eigentlich nicht üblich!"[8]

Nach einer sehr interessanten Diskussion über die Auslegung einer bestimmten Stelle des Qur'an gab es Tee und Kuchen und der "Neue" aus Bonn wurde ausgiebig über die Hinter- und Abgründe Bonner Politik ausgefragt. Es war eine Situation, die typisch war für viele Gespräche, die folgen sollten. Mir wurde bewußt, daß ich eine Grenze zwischen zwei Lebensbereichen überschritten hatte: Ich war nicht nur der neue Bruder, der durch ein Zeichen Allahs zum Islam (zurück)gefunden hatte, ich war auch Repräsentant einer Welt, zu der viele Muslime in Deutschland noch keinen Zugang gefunden haben. Umgekehrt war ich in den Augen meiner Freunde aus der Politik in eine Welt eingetreten, zu der sie keinerlei intellektuellen oder emotionalen

Zugang hatten und ihn auch nicht suchten. Ich saß also zwischen allen Stühlen!

Langsam lernte ich einige muslimische Familien kennen, langsam lernte ich etwas über die muslimische Lebensweise. Und mit der Zeit begann ich, die Probleme zu überwinden, die aus meiner Unwissenheit stammten und die dadurch entstehen, daß ich in einer nicht-islamischen Gesellschaft lebe. An erster Stelle bemühte ich mich, die zentralen Verhaltensweisen eines Muslims, wie Gebete, Ernährung und Fasten zu lernen. Weitere Regeln, die nach dem Vorbild des Propheten für fast alle Situationen des täglichen Lebens gelten, lerne ich auch heute noch fast bei jeder Begegnung mit Muslimen dazu.

Beten

Es ist die Pflicht eines Muslims, fünfmal am Tag zu beten. Nachdem ich dazu eine genaue Anleitung mit Text und Tonbandcassette erhalten hatte, war das zu Hause für mich kein Problem. Doch es dauerte sehr lange, bis ich mich überwand, im Büro zu beten - nicht, weil es mir unmöglich gemacht worden wäre, sondern weil ich selbst das Gefühl hatte, mich nicht auf das Gebet konzentrieren zu können.

In Bonn gibt es für das wöchentliche Gemeinschaftsgebet, das den Muslimen als Pflichtgebet am Freitag vorgeschrieben ist, keine zentrale "Freitagsmoschee", in der alle Muslime zusammen beten können. Stattdessen haben die Muslime aus der Türkei, Marokko oder Afghanistan ihre jeweils eigenen kleinen Gebetsräume in Hinterhäusern und alten Gewerberäumen. Wenn wir uns im Kreis deutscher Muslime treffen wollen, kommen wir in der Wohnung eines Bruders zusammen. Dieser Zustand entspricht ganz und gar nicht dem islamischen Ideal; denn der Grundgedanke des Freitagsgebetes ist ja gerade das gemeinsame Gebet aller Gläubigen, gleich welcher Herkunft und welchen Standes!

Da es nur etwa 50.000 (1989) Muslime mit deutscher Staatsangehörigkeit in Deutschland gibt, hat der Islam weder eine spezifisch deutsche Tradition entwickelt, noch trägt er ein "deutsches" Gesicht. Jeder Deutsche, der sich zum Islam bekennt, muß sich deshalb früher oder später für eine "Gastkultur" entscheiden, wenn er nicht in totaler Isolierung verharren will. Durch meine Entscheidung, mich an die Botschaft von Saudi Arabien zu wenden, fand ich Eingang in die arabische Gemeinde, und meine arabischen Brüder nahmen mich in die afghanische Moschee in Bonn mit. Selbstverständlich lernte ich schnell kurze Abschnitte aus dem Qur'an auf arabisch auswendig, da das islamische Gebet aus dem Rezitieren dieser Texte besteht. Aber es ist schon etwas unbefriedigend, wenn man von der religiösen Ansprache beim Freitagsgebet kein Wort versteht, weil sie ausschließlich in einer ausländischen Sprache vorgetragen wird.

Essen

Nach den Vorschriften des Qur'an zu essen, ist nicht so schwierig, solange ich für mich selbst zu Hause koche. Aber z. B. Schweinefleisch in einer Kantine zu vermeiden, wo manchmal drei von vier Gerichten aus Schweinefleisch sind, ist nicht ganz so einfach. Aber wenigstens gibt es jeden Tag ein großes Salatbüffet.

Es ist merkwürdig, aber bis zu dem Tag, an dem ich beschloß, keinen Alkohol mehr zu trinken, war mir nicht bewußt, wie sehr unsere Gesellschaft an den Genuß von Alkohol gebunden ist. Wenn man einfach "nein danke" sagt, will einfach jeder eine Erklärung von einem und es scheint, als müßten Nichttrinker noch einen langen Weg gehen, um so akzeptiert zu werden wie Nichtraucher. Wer im politischen Leben aktiv ist, hat einiges Training im Genuß von Bier, Korn und sonstigen hochprozentigen Getränken, deshalb war ich auch nicht in der Lage, von heute auf morgen total mit dem Alkohol aufzuhören. Aber merkwürdigerweise ergab es sich mit der Zeit, daß ich einfach keine Lust mehr auf Bier und Wein hatte, und das machte natürlich vieles leichter.

Je weiter ich in die islamische Gemeinde - wenn sie auch sehr verstreut ist - hineinwachse, desto mehr erfahre ich die über islamische Lebensweise, z. B. auf versteckte Schweinefleischanteile in Lebensmitteln zu achten, wo man sie eigentlich nie vermuten würde.

Freunde

Ich muß gestehen, zuerst dachte ich, nichts würde sich zwischen mir und meinen alten Freunden ändern, nachdem ich mein Bekenntnis abgelegt hatte. Aber nur zu schnell fand ich heraus, daß es sehr schwer ist sich über Dinge zu unterhalten, die einem wichtig sind, wenn die

Gesprächspartner nicht die gleiche intensive Beziehung zu einer Religion haben. Es gibt für sie einfach keinen Weg zu verstehen, was es bedeutet, Muslim zu sein.

Ich hatte nicht vielen meiner Freunde davon erzählt, daß ich das Bekenntnis zum Islam abgelegt habe, aber enttäuschende Erlebnisse haben mir bald gezeigt, daß selbst diese wenigen zu viele waren. Gerüchte kamen auf und Geschwätz verbreitete sich schnell. Es war ein trauriges Erlebnis, alte Freunde nicht mehr zu sehen, aber es ist besser so. Interessanterweise hat meine Freundschaft mit denen am besten gehalten, die selbst überzeugte Christen sind - also Menschen, für die Religion auch ein wichtiger Teil ihres Lebens ist.

Ramadan

Nur wenige Tage, nachdem ich mein Bekenntnis zum Islam abgelegt hatte, begann der Fastenmonat Ramadan und mit ihm kamen wunderbare Erlebnisse. Spät am Abend des ersten Ramadan klingelte es an der Tür meines Apartments: Zwei Boten der Botschaft von Saudi Arabien brachten mir ein großes Paket. In ihm waren Datteln, ein Gebetsteppich, eine Zeittafel mit den Gebetszeiten für Bonn und eine Ausgabe des Qur'an mit einer Übersetzung seiner Bedeutung und Kommentaren von Yusuf Ali. Ich konnte danach die ganze Nacht kaum schlafen, so glücklich und aufgeregt war ich!

Es war auch während des Ramadans, daß ich zum ersten Mal gemeinsam mit Brüdern betete. Der Bruder, der mein erster Gesprächspartner und Zeuge meines Bekenntnisses gewesen war, lud mich eines Tages zum

Iftar, dem Fastenbrechen bei Sonnenuntergang, ein. Andere Gäste und ich kamen in der Abenddämmerung zu seinem Haus, und nachdem wir ein Glas Milch getrunken und einige Datteln gegessen hatten, traten wir auf die Terrasse hinaus, auf der ein wunderbarer Teppich lag. Da das Haus unseres Bruders das letzte an der Straße war, lagen vor uns nur Felder und ein Wald. Während wir beteten, begann ein leichter Frühlingsregen, und eine sanfte Brise brachte in Wellen den Duft frischer Erde zu uns. Für mich war dies wie der Beginn einer neuen Schöpfung: Allah sandte Wasser auf die Erde, damit aus ihr Pflanzen für unsere Ernährung wuchsen.

Es ist Brauch, während des Ramadan den Qur'an einmal ganz zu studieren. Da der Ramadan einem Mondmonat - in der Regel dreißig Kalendertage - entspricht und der Qur'an in dreißig Abschnitte gegliedert ist, stellt diese Tradition keine unerfüllbare Anforderung dar. Ich habe mich auf diese Weise zum wiederholten Male mit dem gesamten Text des Qur'an beschäftigt und jedesmal neue Erkenntnisse, Ansichten und Einsichten gewonnen.

Es war am Ende des Ramadans, daß ich zum ersten Mal in einer Moschee betete. Freunde hatten mich zu ihrer Hochzeit in die Schweiz eingeladen, und ich nützte die Gelegenheit, das Ende des Ramadan in der Moschee in Genf zu feiern.

Als ich die Moschee betrat, saßen bereits hunderte von Brüdern dort und rezitierten:

"... allahu akbar, allahu akbar, wa lillahi alhamd, allahu akbar kabeera wa alhamdu lillahi katheera ..."

Ihr rhythmischer Gesang kam an mein Ohr wie das Rollen des endlosen Ozeans des Glaubens.

Als es Zeit zum Gebet war, standen wir - Menschen aller Herren Länder - auf und stellten uns in eine Reihe. Als meine Arme von den Armen meiner Brüder auf beiden Seiten berührt wurden, fühlte ich etwas wie einen starken elektrischen Schlag! Ich war nicht länger alleine, ich war Teil einer großen weltumspannenden Gemeinschaft!

Islam - Lebensweise von vorgestern? oder: Die Gespenster der Vergangenheit im Westen

Immer wieder werde ich gefragt, ob die islamische Lebensart nicht zu sehr an der Vergangenheit orientiert ist, eine rückwärtsgewandte Utopie im Vergleich zum westlichen "way of life", für den die Begriffe Zukunft und Fortschritt die Leitbegriffe sind.

Ich frage dann immer zurück, was denn als rückwärts gerichtet empfunden wird: die Tatsache, daß der Muslim den Qur'an als Grundlage für sein Verhalten akzeptiert und nach den Regeln der Sunna lebt, so wie der Prophet Muhammad es den Muslimen vor vierzehnhundert Jahren vorgelebt und gezeigt hat?

Ist es wirklich "rückwärts gewandt", sich an Lebensregeln zu halten, nach denen unsere menschlichen Handlungen ganz klar bewertet werden können? In der westlichen Gesellschaft, in der es zum guten Ton gehört, Tabus zu durchbrechen und Autoritäten - wenn es sie heute überhaupt noch gibt - in Frage zu stellen, bricht der gesellschaftliche Konsens immer weiter zusammen. Es ist z. B. fraglich, ob und wann zwischen Ostdeutschland und Westdeutschland überhaupt ein solcher Konsens entstehen kann. Aus diesem Blickwinkel mag deshalb das islamische Regelwerk verwunderlich erscheinen - aber es gibt sicher keinen Grund, es abzulehnen, nur weil es vierzehnhundert Jahre alt ist!

Für Muslime gibt es fünf Kategorien, nach denen ihre Handlungen mit Blick auf das jüngste Gericht bewertet werden:

- *fard* ist eine Handlung, die Pflicht ist. Man erhält von Gott eine Belohnung, wenn man sie tut, und man wird bestraft, wenn man sie unterläßt.

- *mandub* (wörtlich: erwünscht) heißt, daß man eine Belohnung erhält, wenn man es tut, aber keine Bestrafung, wenn man es unterläßt.

- *mubah* (wörtlich: freigestellt): diese Handlung ist "wertneutral". Es gibt weder Belohnung noch Bestrafung dafür.

- *makruh* (wörtlich: unerwünscht, verpönt): es gibt keine Bestrafung, wenn man so etwas tut, aber eine Belohnung, wenn man es unterläßt.

- *haram*: diese Handlung ist absolut verboten! Man wird bestraft, wenn man es tut und belohnt, wenn man es unterläßt.

Ein Blick auf die westlichen Gesellschaften läßt mich ganz andere Fragen stellen: Wo hat denn ihre Art von Fortschritt hingeführt? Und auf was für eine Zukunft bewegen sie sich? Fortschritt hat für den Westen die ständige Aufgabe alter Traditionen bedeutet und heute gibt es kaum noch Regeln, die von allen akzeptiert werden. Es gibt großen Fortschritt in der Wissenschaft, in der wirtschaftlichen Entwicklung. Doch, was für ein Fortschritt ist es, wenn Kinder, Eltern und Großeltern getrennt in ihren Ghettos leben und wenn nach den letzten Statistiken ein Drittel aller Haushalte in Deutschland Einzelhaushalte sind und immer mehr Kinder von Einzeleltern erzogen werden?

Und was ist mit dem "Fortschritt" auf dem Gebiet der Erziehung und des Wissens? Man braucht doch nur

Männern an der Theke oder am Stammtisch beim Bier oder Frauen beim Kaffeeklatsch zuzuhören. Menschen, die zu Hause ihre Mikrowelle haben, mit einer Satellitenantenne 30 Programme sehen und Kinder haben, die in einer Welt von Bits und Bytes leben. Wer diesen Menschen zuhört, die alle Annehmlichkeiten des zwanzigsten Jahrhunderts haben, kann nur den Kopf schütteln: Ihr Weltbild wird bestimmt von jahrzehnte- und jahrhundertealten Vorurteilen: Für sie sind italienische Männer immer noch die Schürzenjäger, französische Frauen werden immer noch als die schicksten angesehen, die Amerikaner haben keine Kultur, alle Deutschen waren Nazis, und die Muslime haben eine bequeme Religion, da sie ihr eigenes Versagen immer auf den "Willen Gottes" abschieben können.

Es ist ganz gleich, wie weit sie gereist sind - und die Statistiken zeigen ja, daß immer mehr Menschen immer öfter und immer weiter unterwegs sind -, die Mehrheit der Menschen trägt immer noch die Bilder mit sich, die sie einmal von ihren Eltern gelernt haben, die diese ihrerseits von ihren Eltern gelernt haben. So gesehen ist also der Fortschritt unserer technologisch bestimmten Lebensweise nicht gleichzusetzen mit dem Fortschritt von geistiger Reife und Gedanken.

Wie dünn das Eis zwischen gegenwärtigem Frieden und an der Vergangenheit orientierten Konfliktschemata ist, zeigen zwei Beispiele aus der jüngsten Gegenwart:

Die Grenze zwischen technisierter Lebensweise am Ende des 20. Jahrhunderts und dem Rückfall in die politische Gedankenwelt des 19. Jahrhunderts ist gefährlich leicht zu überschreiten: Nach dem Beschluß des

Deutschen Bundestages, Berlin nicht nur zur Hauptstadt, sondern auch zum Sitz von Regierung und Parlament zu machen, traten im Rheinland wieder separatistische Gedanken offen hervor, und in der CDU, die sich als gemeinsame Partei von Katholiken und Protestanten begreift, wurden Ansichten der katholischen Zentrumspartei als Abgrenzung zum Preußentum auf einmal wieder salonfähig.

Der Krieg in Bosnien-Herzegowina zeigt noch viel erschreckender, wie sehr die Beschwörung von Mythen der Vergangenheit in negativer Hinsicht das Verhalten ganzer Volksgruppen beeinflussen kann: Hier wird auf einmal wieder Menschen in propagandistischer Weise eingeredet, sie könnten nicht zusammen in Frieden leben!

Das Verhältnis der Europäer zu den Muslimen wird von rund 1400 Jahren einseitiger Geschichtsschreibung geprägt. Norman Daniel schreibt:

"Zur Zeit als das byzantinische Reich politisch und militärisch schwach war, selber das Ziel westlicher Aggression und Polemik war und die Muslime an vielen Orten an den Grenzen des lateinischen Christentums waren und mit ihm das gemeinsame Meer teilten, wurde das deformierte Image des Islam im bewußten europäischen Geist errichtet."[9]

An diesem Image hat sich bis heute nicht viel geändert! Vor diesem Hintergrund ist es unredlich, dem Islam eine rückwärts gewandte Utopie vorzuwerfen - eine Utopie, die ganz reale Verhaltensweisen, wie z. B. stabile und sichere Familienverhältnisse als Basis des menschlichen Zusammenlebens, geschaffen und bis heute erhalten hat.

Ich glaube, jeder Muslim kann die "Herausforderung" der "fortschrittlichen" westlichen Welt annehmen.

Islam und Demokratie
Das Beispiel Jordanien

Im Sommer 1989 feierten Paris und Frankreich und mit ihnen die gesamte westliche Welt den 200. Jahrestag der Französischen Revolution: den Beginn der westlichen Demokratie. Ohne Zweifel waren die französische Revolution und ein paar Jahre zuvor die amerikanische Unabhängigkeitserklärung die geistigen Kinder westlicher Aufklärung und zusammen mit ihr die Wiege der heutigen westlichen Regierungssysteme.

Damals im 18. Jahrhundert dachten die jungen westlichen Demokratien allerdings an alles andere als daran, die neue Staats- und Regierungsform weltweit zu exportieren - Kolonialismus hieß damals die Devise. Heute ist Demokratie für den Westen die einzig akzeptable Regierungsform, die es auch in allen anderen Ländern der Erde einzuführen gilt.

Wen kann es bei diesem Verhalten des Westens wundern, daß viele Muslime heute in der Demokratie ein neues geistiges koloniales - um nicht zu sagen imperialistisches - Konzept sehen, mit dem ihre Länder erneut unterworfen werden sollen?

Die Tatsache, daß es nicht in allen Ländern dieser Erde eine funktionierende Demokratie gibt, wird schnell zum Vorwurf gegen diese Länder und besonders gegen islamische Länder verwandt: Westliche Gegner des Islam werfen den mehrheitlich von Muslimen bewohnten Ländern vor, der Islam sei unaufgeklärt und aus diesem Grunde gar nicht demokratiefähig. Als Beweis für die Richtigkeit ihrer Aussagen führen sie die existierenden Diktaturen an. Sie vergessen dabei, daß viele dieser Länder überhaupt erst seit den fünfziger und sechziger Jahren unabhängig sind, also zum Teil erst dreißig oder vierzig Jahre, und daß der Westen - zumindest soweit es sich um seine Verbündeten handelt - nichts wesentliches getan hat, diese zur Einführung der Demokratie zu bewegen.

Wie selektiv der Westen mit seiner Forderung umgeht, Demokratie und Menschenrechte weltweit durchzusetzen, wird jeden Tag in den Nachrichten offenbar: Welchen seiner wirtschaftlichen Partner weist der Westen im nahen und mittleren Osten (von China ganz zu schweigen) mit Nachdruck auf die Einführung der Demokratie hin? Wo sind Demokratie und Menschenrechte in Kuwait, in deren Namen ein milliardenschwerer Krieg geführt wurde? Und was geschieht, wenn auf dem Wege der Demokratie Muslime tatsächlich Selbstbestimmung praktizieren, wie in Algerien?

Als junger Muslim, der von sich selbst behauptet, mit beiden Beinen auf dem Boden des Islam zu stehen und gleichzeitig Demokrat zu sein, sitzt man in dieser Debatte zwischen allen Stühlen: Bekannte, Freunde, politisch Gleichgesinnte und politische Gegner halten dem jungen Muslim vor: "Wie kannst Du nur einer Religion angehören, die in der Praxis ständig beweist, daß sie nicht demokratiefähig ist und die von jedermann mißbraucht werden kann?" Die neuen Brüder und Schwestern fragen den jungen Muslim umgekehrt: "Wie kannst Du nur für die Demokratie sein, in der alles einer beliebigen Mehrheitsentscheidung unterworfen ist, das Volk tun und lassen kann, was es will? Worin besteht eigentlich das Gute an der Demokratie, die der Welt immerhin zwei Weltkriege gebracht hat? Einen besseren Beweis für die Unfähigkeit dieser Regierungsform gibt es doch wohl nicht!"

Diese doppelte Fragestellung führt immer wieder zu sehr emotional geführten Diskussionen, sie ist aber zugleich der Schlüssel zur Argumentation gegenüber beiden Seiten: Selbst die schärfsten Gegner des Islam werden nachdenklich, wenn ich sie mit negativen Entwicklungen in demokratischen Ländern konfrontiere und sie frage, ob diese negativen Entwicklungen für sie ein Grund sind, die Demokratie aufzugeben. Ich frage, ob irgend jemand bereit ist, westliche Aufklärung und Demokratie zu verurteilen oder aufzugeben, weil es eine Affäre Dreyfus gegeben hat, Hitler gewählt worden ist oder McCarthy in den USA, dem Stammland der westlichen Demokratie, sein Unwesen treiben konnte? Niemand will das, und an diese Aussage schließe ich dann meine nächste Frage an: "Wenn Ihr die Idee der Demokratie so eisern verteidigt, allen Fehlentwicklungen zum Trotz, warum ist es dann für Euch so schwer zu verstehen, daß ich als Muslim den Islam nicht daran messe, was unter ihm oder in seinem Namen von Menschen für Fehlentscheidungen getroffen wurden, sondern daran, daß er die letzte Offenbarung von Allah, eine der drei großen monotheistischen Religionen, eine universelle Religion des Friedens ist?" Wenn es auch vielen meiner westlichen Gesprächspartner schwerfällt, mir bei diesem Gedankengang zuzustimmen, habe ich jedoch meistens sehr nachdenkliche Zuhörer hinterlassen.

In Diskussionen mit meinen Brüdern und Schwestern verwende ich die entsprechenden Argumente: Ich versuche zu erklären, daß Menschen die Demokratie nicht verurteilen oder aufgeben, auch wenn es keine Garantie gegen Fehlentwicklungen gibt, sondern an dem geistigen Ideal der Demokratie festhalten, weil sie die Demokratie für die gerechteste Ordnung auf dieser Erde halten, in der alle Menschen die gleichen Rechte haben, sich selbst zu regieren.

Ich versuche zu erklären, daß die Idee der Demokratie einen langen Gang durch die Geschichte gemacht hat und viele unterschiedliche Ausprägungen hatte, bevor sie zu dem wurde, was wir heute unter ihr verstehen. Demokratie, als geistiges Konzept der Griechen gefeiert, entstand zu einer Zeit, als nur die Elite an ihr teilnahmeberechtigt und die Gesellschaft in mehrere Klassen geteilt war. Selbst Jefferson, der Jahrhunderte später zum großen Theoretiker der westlichen Demokratie wurde, hielt noch Sklaven auf seinem Landgut.

Auch heute gibt es Demokratie in den unterschiedlichsten Varianten: in Belgien mit Wahlzwang, in der Bundesrepublik Deutschland mit Wahlfreiheit, und in den USA kann man überhaupt nur wählen, nachdem man sich als Wähler hat registrieren lassen. Es gibt konstitutionelle Monarchien, Präsidialdemokratien und Demokratien mit Parlament und einer zweiten Kammer, sei es der deutsche Bundesrat oder der amerikanische Senat.

Und ich versuche zu erklären, daß gerade am Beginn der westlichen Demokratie, wie wir sie heute kennen, nämlich in der amerikanischen Unabhängigkeitserklärung, ein bemerkenswerter Berührungspunkt zwischen Islam und Demokratie liegt:

Zentraler Argumentationspunkt in diesen Gesprächen mit Muslimen ist die Feststellung, daß die Entstehung der westlichen Demokratie vor zweihundert Jahren nicht in erster Linie ein Aufstand gegen Gott war, sondern im Gegenteil unter Berufung auf Gott die Gleichheit aller Menschen vor Gott festgestellt wurde. Es war ein Aufstand gegen die irdische Willkürherrschaft kirchlicher und königlicher Potentaten: Hier am Beginn dessen, was wir heute im Westen als Demokratie verstehen, haben sich also Islam und westliche Philosophie engstens berührt. Nirgends findet dieser Gedanke einen besseren Ausdruck als in der folgenden Aussage der amerikanischen Unabhängigkeitserklärung:

"Wir halten diese Wahrheit für offensichtlich, daß alle Menschen gleich geschaffen sind, daß sie von ihrem Schöpfer mit bestimmten unveräußerlichen Rechten versehen sind, daß dazu das Leben, die Freiheit und die Verfolgung des Glückes gehören ..."

Ist diese Aussage einerseits ein Anknüpfungspunkt zwischen dem Westen und dem Islam, da sie Allah, den Schöpfer, als Bezugspunkt für die Schaffung einer Ordnung auf der Erde nimmt, darf nicht übersehen werden, daß sie zugleich auch Scheidewand zwischen dem Westen und dem Islam ist. Denn während der Westen formuliert, daß die Menschen mit bestimmten Rechten versehen sind - und damit eine Entwicklung in Gang gesetzt hat, deren negative Folgen wir heute mit ihrem grenzenlosen Individualismus, der keinerlei soziale Bindung mehr kennt, schmerzhaft spüren, - legt der Islam Wert darauf, daß der Mensch die Pflichten erfüllt, d. h. die Regeln einhält, die ihm Allah mit der Offenbarung des Qur'an vorgegeben hat.

An diesem Punkt, der für jeden Muslim selbstverständlich ist, beginnen nun wieder für meine westlichen Gesprächspartner die Mißverständnisse. Sie glauben, der Islam kenne die Inhalte der westlichen Menschenrechte nicht, weil er sie nicht in dem gleichen geschichtlichen Prozeß formuliert hat. Aber diese Vermutung ist falsch.

Selbstverständlich gibt es im Islam ein "Recht" auf Leben, denn das Töten eines Menschen ist verboten. Der Mensch hat auch die "Freiheit" der Entscheidung seiner Handlungen, deren Folgen er allerdings vor Allah rechtfertigen muß. Und der Mensch hat das "Recht" der Nutznießung der irdischen Dinge für ein Weilchen. (Während das amerikanische Recht des "pursuit of happiness" ein Widerruf der christlichen Verdammnis ist, daß der Mensch sein Brot im Schweiße seines Angesichts verdienen muß, hat es diese Verdammnis im Islam von Anfang an überhaupt nicht gegeben.)

Der Unterschied zwischen dem Westen und dem Islam besteht nicht darin, daß Muslime unfreier sind oder weniger "Rechte" haben, sondern daß sie ihre Rechtsordnung vor über 1400 Jahren mit der Offenbarung des Qur'an von Allah erhalten haben, die für alle Menschen, ja die gesamte Schöpfung und für alle Zeiten gilt, während im Westen die Menschen sich diese "Rechte" erst unter Berufung auf Allah gegen andere Menschen erkämpft haben - und dazu 1776 Jahre brauchten! In der Folge allerdings geriet Allah im Westen aus den Augen und Herzen der Menschen und die Konsequenzen der neuen grenzenlosen Freiheit spüren wir heute alle schmerzlich.

Kommen wir jetzt zu einer Bewertung der Französischen Revolution zurück, mit der wir unsere Betrachtung begonnen haben: Die Ergebnisse der Französischen Revolution werden in der Regel mit folgenden Tatsachen beschrieben:

- Entmachtung der Willkürherrschaft der Kirche
- Entmachtung der Willkürherrschaft des Adels
- Entdeckung der Tatsache, daß alle Menschen gleichermaßen an Gesetze gebunden sind
- Beginn der Menschen, ihre Angelegenheiten auf der Erde als Gleiche selbständig zu regeln.

Messen wir diese Errungenschaften an der Botschaft des Qur'an und an der Geschichte des Islam, so kommen wir zu dem Schluß, daß die zentrale Botschaft des Islam, nämlich, daß es ein von Allah gegebenes Gesetz gibt, dem alle Menschen untertan sind - gleich ob Fürst oder einfacher Bürger - die Erkenntnis der Französischen Revolution bereits im 7. Jahrhundert christlicher Zeitrechnung vorweg nimmt. Auch wenn es im sunnitischen Islam keinen Klerus als Kaste gibt, hat es natürlich schwache Religionsgelehrte gegeben, die von den Herrschern mancher Dynastien mißbraucht wurden. Doch anders als in der Französischen Revolution mußte nicht erst eine umwälzende neue Rechtsidee geboren werden, sondern Muslime aller Zeiten konnten sich diesen Unrechtsherrschern gegenüber auf die von Allah offenbarte Rechtsordnung berufen!

Einzig beim vierten Kriterium, der Einführung einer geregelten Selbstverwaltung, die wir im Westen Demokratie nennen, die aber genauso gut mit dem islamischen Begriff "Schura" umschrieben werden könnte, gibt es einen Nachholbedarf in der islamischen Welt.

Nachholbedarf - das heißt nicht, daß es niemals im Islam eine Selbstregierung der Gläubigen gab, wie wir es heute in der Demokratie kennen. Die Rückbesinnung auf die Religion und die erste Phase nach der Offenbarung zeigt vielmehr, daß die ersten vier Kalifen, die als die "rechtgeleiteten" betrachtet werden, auf die unterschiedlichsten Weisen gewählt wurden und daß damals dem Gebot des Qur'an gefolgt wurde, daß man sich bei den Angelegenheiten der Gemeinde zu "beraten" habe! Murad Hofmann beschreibt diese Phase der islamischen Frühgeschichte:

"Die islamische Frühgeschichte begründet eine demokratische Tradition, jedoch nicht zwingend: Der 1. Kalif, Abu Bakr, wurde 632 nach Eliminierung von Gegenkandidaten öffentlich in Saqifa gewählt. Doch dieses Verfahren wurde nicht wiederholt und ist daher nicht eindeutig zur Sunna geworden. Schon der 2. Kalif, 'Umar, wurde 634 ohne Gegenkandidaten per Akklamation bestimmt. Der 3., 'Uthman, ging 644 zwar aus einer (Aus-)Wahl hervor. Doch diese war auf sechs besonders qualifiziert erscheinende Glaubens-Aristokraten, darunter 'Ali, beschränkt gewesen."[10]

Der Hinweis auf eine weitere "demokratische", wenn auch nicht repräsentative Bewegung sei gestattet: So bezeichnet Georg Popp z.B. die Ibadis als die "ersten Fundamentaldemokraten des Islam".

"Die Ibadiya geht als politisch, philosophisch und theologisch definierte Denkrichtung des Islam davon aus, daß jeder gläubige und theologisch gebildete Muslim potentieller Kandidat für das Amt des Imam ist, des religiösen und weltlichen Oberhauptes mit voller Regierungsgewalt. Der Imam ist in den Augen der Ibadis (die deutsche Fachliteratur spricht in der Regel von 'Ibaditen') 'Erster unter Gleichen', da er als Mensch ein Geschöpf Gottes unter anderen Geschöpfen ist. Die umma, die Gemeinschaft der Muslime wählt aus ihren Reihen einen ausreichend gebildeten und gelehrten Gläubigen, der nach ihrer Meinung am besten für das Amt qualifiziert ist. (...) Mäßigung und Toleranz sind weitere Merkmale der ibadischen Lehre. Ibadis wehren sich gegen jede Vereinnahmung der islamischen Glaubensgrundsätze durch Teile der muslimischen Gemeinde und einen daraus abgeleiteten ausschließlichen Wahrheitsanspruch, der gegen andere mit Gewalt verteidigt oder durchgesetzt wird."[11]

Bemerkenswert ist, daß die Ibaditen nicht die erste Gruppe war, die diese Meinung vertrat. Diese Aussage wurde schon früher von der Allgemeinheit der sunnitischen Lehre vertreten, die als Qualifikation für das Amt des Staatsoberhauptes nur Kompetenz und Vertrauenswürdigkeit nennt, ausgehend vom Spruch des Propheten: "Hört und gehorcht eurem Führer, auch wenn er ein Abessinier mit einem Kopf wie eine Rosine ist." (Buchari)

Die islamische Schura im Qur'an

Die islamische "Demokratie" oder *Schura* kann sich auf den Qur'an berufen, dabei sollten aber einige sprachliche Mißverständnisse klargestellt werden:

Die Basis einer islamischen *Schura* im Qur'an:

- Die Stellung des Menschen in der Schöpfung Allahs ist besonders herausgehoben, er wird im Qur'an von Allah selber als "chalifa", das heißt Statthalter bezeichnet. (Sura 2:30)

- Der Mensch ist als Individuum Allah gegenüber für sein Handeln verantwortlich: "Wir haben unsere Werke, und ihr habt eure Werke (zu verantworten)." (Sura 42:15) und:
"Ein jeder haftet für das, was er erworben hat." (Sura 52:21)

- Allah hilft nur dem Volk, das sich selber bemüht, seine Lage zu ändern: "Dies, weil Allah niemals seine Gnade, mit der Er ein Volk begnadet hat, ändert, bis sie selbst das ändern, was in ihrem Innern ist, und weil Allah alles hört und weiß." (Sura 8:53)

- Schließlich ist auch das Gebot sich zu beraten ein Gebot Allahs: "Und was immer euch zuteil geworden ist, ist Nutznießung des diesseitigen Lebens. Was aber bei Allah ist, ist besser und hat eher Bestand für die, die glauben und auf ihren Herren vertrauen, die die schweren Sünden und die schändlichen Taten meiden und, wenn sie in Zorn geraten, (lieber) vergeben, und die auf ihren Herren hören und das Gebet verrichten, ihre Angelegenheiten *durch Beratung* (Hervorhebung Ch. H.) regeln und von dem, was Wir ihnen beschert haben, spenden und, die, wenn ihnen Ungerechtigkeit widerfährt, sich selbst helfen." (Sura 42:36-39) und:

"... So verzeihe ihnen und bitte für sie um Vergebung und ziehe sie zu Rate in den Angelegenheiten." (Sura 3:159)

Folgende Mißverständnisse sollten als Voraussetzungen einer islamischen Demokratie ausgeräumt werden:

- hinter dem Begriff Volkssouveränität verbirgt sich nicht die Idee, die Souveränität Allahs anzuzweifeln,

- der Begriff "Volksherrschaft" stellt nicht die Allmacht Allahs in Frage und

- Mehrheitsentscheidungen können nicht beliebig gefällt werden, sondern sie sind an das Recht gebunden, und über gewisse Grundrechte sind keine Mehrheitsentscheidungen möglich.

Die große Chance der islamischen Länder - im Gegensatz zur westlichen Welt - besteht darin, daß sie nicht nur die Zustimmung der Regierten finden können, sondern zugleich ein moralisches, geistiges und religiöses Fundament haben, das ihre Bevölkerung vereint - weit über die materialistische Politik von Verteilung und Umverteilung, die viele Staaten im Westen zusammenhält, hinaus: den Islam!

Zum Beispiel Jordanien

Ausgerechnet Jordanien - viel geschmäht wegen seiner Haltung gegenüber Saddam Hussein - machte nach dem Golfkrieg Ernst mit der Demokratie: Zum ersten Mal nach 1956 fanden am 8. November 1993 völlig freie, allgemeine, geheime und Mehrparteienwahlen zum zwölften Unterhaus statt.[12]

Im Juni 1994 veranstaltete die Konrad-Adenauer-Stiftung in der jordanischen Hauptstadt Amman in Zusammenarbeit mit dem von Hani Hourani geleitetem "Al Urdun al Djadid Center" (Zentrum Neues Jordanien), einem Institut für Politikforschung und -beratung, ein fünftägiges Seminar für Parteiangehörige: "Political Party Workshop", zu dem ich als Referent und Diskutant zusammen mit einem Arbeitskollegen eingeladen wurde. Etwa 80 Mitglieder, Amts- und Mandatsträger aus 15 der 22 zugelassenen Parteien hatten sich angemeldet und besuchten das Seminar von Anfang bis Ende.

Auch hier, wie in so vielen Situationen in den vergangenen Jahren, versuchte ich, der Vermittler zwischen zwei Welten zu sein.

Die Atmosphäre, in die wir kamen, war geladen: Seit mehreren Wochen vor Beginn des Seminars tobte eine heftige Schlacht in der jordanischen Presse über den Einfluß und die Legitimation ausländischer Stiftungen (andere deutsche Stiftungen organisierten in diesem Zeitraum ähnliche Veranstaltungen). In der Presse war von zionistischen Verrätern die Rede, uns wurde berichtet, daß man den CIA hinter all diesen Vorhaben vermute und in den Zeitungen wurden Meinungen wie die folgende veröffentlicht:

"Es (Deutschland) ist nicht einmal eine demokratische Nation, nicht einmal nach den westlichen Definitionen von Demokratie. Von deutschem Boden gingen zwei Weltkriege aus, zerstörten Bauernhöfe und Leben, zerstörten und warfen die Menschheit um Jahrzehnte zurück. Auf deutschem Boden wurde die Nazi-Bewegung geboren, und sie blühte dort, verführte das deutsche Volk und versuchte, Nationen und ihre Bevölkerung wieder in die dunklen Zeiten zurückzuführen. Die Nazi-Bewegung steht wieder auf den Beinen und begeht Verbrechen gegenüber Menschen aus der dritten Welt, die eigentlich in Deutschland leben, um eine Überlebenschance zu haben ... Was macht Deutschland im ehemaligen Jugoslawien, warum ließen die Deutschen die Faschisten in Kroatien das Land regieren, die Abspaltung und den Krieg erklären ..."[13]

Die Veranstalter hatten uns diesen und viele andere, nicht ganz so extreme Artikel nach unserer Ankunft zu lesen gegeben und ich muß gestehen, ich fühlte mich zum ersten Mal in meinem Leben richtig unerwünscht. Wir alle waren zu Beginn der Vorbesprechung mit den jordanischen Partnern mehr als gespannt, besonders da wir inzwischen gehört hatten, daß eine Gruppe von Parlamentariern am Vorabend beim Innenminister gewesen war, mit der Forderung, das Seminar zu verbieten! Er hatte jedoch festgestellt, daß die Konrad-Adenauer-Stiftung nur etwas tat, das ihrer Lizenz entsprach und es abgelehnt, ein Verbot auszusprechen.

Zur Vorbesprechung waren auch ein paar Journalisten gekommen, und niemand hatte den Mut, ihnen die Tür zu weisen. Sie bestimmten zunächst unsere Diskussion und baten uns Deutsche, die Artikel in den jordanischen Zeitungen nicht mißzuverstehen, sie seien nicht gegen uns persönlich gerichtet, sondern brächten zum Ausdruck, daß die Jordanier es satt seien, von außen bestimmt zu werden: erst Jahrhunderte lang von den Türken, dann von den Engländern und jetzt intellektuell von den Deutschen ...

Ich hörte etwa eine halbe Stunde lang zu, meldete mich dann zu Wort und sagte: "Ich kann alles, was gesagt wurde, verstehen, aber ich bitte auch meinerseits um Verständnis, daß ich etwas verunsichert bin. Als deutscher Muslim bin ich hierher gekommen, um mit meinen Brüdern und Schwestern Erfahrungen über die Demokratie auszutauschen, ein System, das mir in Deutschland z. B. die Freiheit garantiert, meine Religion auszuüben und meine Meinung offen zu sagen." Die Wirkung dieser Worte war umwerfend: fassungsloses Staunen, Verblüffung, Stille, und dann veränderte sich das Klima schlagartig. Der jordanische Veranstalter strahlte und sagte, daß er diese phantastische Tatsache, mit meiner Zustimmung, gerne als erstes bei der Eröffnung am Nachmittag bekanntgeben wolle ...

Das Seminar selbst fand dann in großer Ruhe und Sachlichkeit statt. Über die Einzelheiten soll hier bis auf eine Ausnahme nicht berichtet werden, da sie den Kern des Themas "Islam und Demokratie" direkt anspricht: An einem Nachmittag stand ein weißhaariger Mann auf und rief mit vor Aufregung bebender Stimme: "Aber wir lassen die Demokratie nicht den Islam ersetzen!" Diese Äußerung nahm ich zum Anlaß, einen meiner Vorträge umzuschreiben und etwas über das Verhältnis von Religion und Demokratie zu sagen.

Ich versuchte zu erklären, daß ich für die Demokratie eintrete, weil sie für mich der friedlichste Mechanismus ist, Konflikte auszutragen und daß Demokratie und Religion sich nicht ausschließen müssen.

Ich stellte heraus, daß es drei unterschiedliche Arten der Auseinandersetzung und der Unterdrückung gibt: die militärische, die wirtschaftliche und die geistig-intellektuelle. Ich halte es für einen großen Gewinn, daß wir es in vielen Fällen gelernt haben, die kriegerische Auseinandersetzung zu ächten. Auch die wirtschaftliche Ausbeutung und Unterdrückung ist zumindest als Problem erkannt und weitgehend ausdiskutiert. Mit dem Markt- und Wettbewerbsmechanismus haben wir Mittel, zu fairen Ergebnissen zu kommen, wir müssen nur noch viel an unseren Marktordnungen arbeiten, damit sie auch im internationalen Rahmen fair werden.

Mit der Demokratie haben wir im politischen Bereich eine Ordnung gefunden, die den Wettbewerb um Ideen und Meinungen kanalisiert. Dabei gibt es klare Grenzen. In westlichen Demokratien gibt es Grundwerte, die nicht im politischen Wettbewerb und zur Disposition sind. Diese Grundrechte werden im Westen Menschenrechte genannt und sie umschließen z. B. das Recht auf freie Ausübung der Religion.

Es ist interessant zu wissen, daß die Demokratie in Frankreich, England und Deutschland die Religion der Menschen nicht ersetzt hat, daß es aber völlig verschiedene Verhältnisse zwischen Demokratie und Religion in diesen Ländern gibt: In Frankreich sind Kirche und

Staat vollkommen getrennt, in England gibt es heute noch eine Staatskirche, und das Staatsoberhaupt ist zugleich das Oberhaupt der Gläubigen, in Deutschland sind Staat und Kirche zwar getrennt, aber dennoch ist der Staat der Eintreiber der Kirchensteuer. Diese drei Beispiele mögen genügen, um zu zeigen, daß es überhaupt nicht darum geht, Religion durch Demokratie zu ersetzen, sondern darum, einen Weg zu finden, durch den alle Menschen gleichberechtigt die Möglichkeit haben, die notwendigen Entscheidungen über ihr Zusammenleben zu treffen.

Islam und Wirtschaft
Das Beispiel Malaysia

Junge Muslime stellen mir immer wieder die Frage nach unserer westlichen Wirtschaftsordnung und danach, wie es kommt, daß Wachstum der ständige Begleiter der westlichen Welt in den vergangenen Jahrhunderten war. Ich glaube nicht, daß die Antwort im Christentum zu finden ist. Man überlege sich nur, was mit der hochentwickelten Kultur und Wirtschaft des islamischen Andalusien geschah, nachdem die Christen die Macht übernommen hatten ...

Es dauerte viele Jahrhunderte, bis Religion und Wirtschaft im Christentum durch eine gemeinsame Doktrin aneinander gekoppelt wurden! Eine Gruppe von Protestanten entwickelte eine neue Art zu denken: Gott - so sagten sie - liebt wirtschaftlich erfolgreiche Menschen. Wenn Du also hart arbeitest und reich wirst, ist das ein Zeichen, daß Du Gottes Segen hast. Dieses war der erste Schritt. Ein weiterer großer Schritt war Adam Smith, der - wiederum einige Jahrhunderte später - erklärte, daß etwas, das gut für einen Einzelnen ist, auch gut für alle ist: Wenn also ein Mensch nach Erfolg strebt, haben auch alle anderen etwas von diesem Erfolg. Diese beiden Gedankenlinien wurden - in Verbindung mit wissenschaftlicher Forschung, die sich von der Religion "emanzipiert" hatte - zum Motor, der nie zuvor gekanntes Wachstum produzierte und die Entwicklung von der Agrargesellschaft zur Industriegesellschaft, zur postmodernen Gesellschaft schuf.

In diesem neuen Prozeß der Industrialisierung hätte eine große Chance liegen können: Fortschritt in die

Welt zu bringen, das Leben für alle ein wenig leichter zu machen, Armut, Hunger und Krankheit zu bekämpfen... Aber was geschah? In wahrhaft christlichem Geist zogen die industrialisierten Länder aus, die Welt zu erobern, so wie es die Kreuzritter getan hatten und Pizarro in Lateinamerika. Nur diesmal taten sie es nicht im Zeichen des Kreuzes, sondern mit der Dampfmaschine und der Stahlfabrik. Neue Märkte mußten gefunden werden und mehr Rohmaterialien sichergestellt. Und es sind die Folgen dieser Entwicklung, von denen sich viele Länder der islamischen Welt noch heute zu erholen versuchen.

Wenn ich also heute meinen Geschirrspüler und meinen Eisschrank genieße und das Wissen der Medizin, die mein Leben rettete, als ich eine Blinddarmentzündung hatte, durchaus schätze, dann bleibt doch ein betroffenes Gefühl, wenn ich an den Preis denke, den diese Entwicklung gekostet hat.

Es dauerte bis zum Ende des letzten Jahrhunderts, bis die christliche Kirche eine neue Soziallehre entwickelte und die schlimmsten Nebeneffekte der Industrialisierung beseitigt wurden. Diese Tradition wurde auch zur Grundlage der Wirtschaftsordnung der Bundesrepublik Deutschland, die sich Soziale Marktwirtschaft nennt, und sie hilft uns heute, Wachstum und soziale Sicherheit miteinander zu verbinden.

Ein weiterer Gedanke: Erst heute beginnen wir zu bemerken, was wir unserer Umwelt angetan haben, und versuchen, sie zu schützen, wo es noch möglich ist.

Der Westen hat also in der Religion keine Anleitung für sein wirtschaftliches Verhalten gefunden und der große wissenschaftliche Aufschwung, der zum Motor des wirtschaftlichen Erfolgs wurde, begann erst, als sich die Menschen von den Fesseln der Kirche lösten.

Die Tatsache, daß die große Mehrheit der islamischen Länder nicht zur industrialisierten Welt gehört, mag den Schluß nahe legen, daß auch im Islam der große wirtschaftliche Aufschwung erst kommt, wenn die Fesseln der Religion abgeschüttelt werden. Doch dieser Schluß ist mit Sicherheit falsch, denn die Freiheit des Wissens, die die große Wegbereiterin des wirtschaftlichen Aufschwungs war, ist, wie wir gesehen haben, bereits ein fester Bestandteil der Islam.

Im deutschen und englischen Buchhandel sind Texte zu Fragen einer islamischen Wirtschaftsordnung nach wie vor relativ rar und ich bin bei der theoretischen Erarbeitung diese Feldes noch nicht zu einem endgültigen Schluß gekommen. Die Frage meiner jungen Brüder beantworte ich aber in der Zwischenzeit mit einem Verweis auf die volkswirtschaftliche Realität: So richtig es ist, daß es im arabisch-islamischen Raum die Zweiteilung in superreiche und arme Länder gibt, darf der Blick auf diese Region der Erde nicht den Blick darauf verstellen, daß es in den islamischen Ländern Südostasiens, Malaysia und Indonesien, inzwischen zu einem ungeheuren ökonomischen Boom gekommen ist: Malaysia hatte 1994 sechs Jahre lang ein Wachstum von 8%.[14] Indonesien wird als der erwachende Elefant bezeichnet. Beide Länder sind heute sogar so weit, daß sie Arbeitsplätze exportieren: "Eine indonesische Firma, Texmaco, plant, 900 Menschen in einer kürzlich gegründeten Textilfirma in Nordirland zu beschäftigen. Eine malaysische Firma sagte im Juli, daß sie 1.000

Menschen in einer Eisschrankfabrik in Bognor Regis, England, beschäftigen will."[15]

Beide Staaten sind in ihrem Selbstverständnis islamisch. Malaysia betrachtet sich selbst als Sprecher und Schrittmacher islamischer Interessen auf der Erde. Gleichzeitig ist die malaysische Politik westlichen Entwicklungsmodellen gegenüber äußerst kritisch. So stellt der malaysische Ministerpräsident, Dato' Seri Dr. Mahatir Mohamad fest:

"Hier ist es nun wichtig festzustellen, daß Malaysia sich ganz klar abgewendet hat von dem Entwicklungsmodell, das von den nördlichen Ländern durch die Weltbank und den IMF propagiert wurde, nachdem die Kolonien des Westens unabhängig wurden. Wirtschaftlich gesprochen setzte diese Modell fest, daß die neuen unabhängigen Länder Rohmaterialien und Basisgüter fördern und in den Norden exportieren sollten, um für den Import von Konsumgütern, Maschinen und Technologie zu bezahlen. Im Bereich der Landwirtschaft sah dieses Modell vor, Wälder für die Bepflanzung zu erschließen und dabei Chemikalien und Dünger aus dem Norden zu verwenden. Dieses Modell führte zur Überproduktion und niedrigen Preisen bei Gütern und einer Verschlechterung der Terms of Trade zu Lasten der sich entwickelnden Länder."[16]

Es ist sicherlich kein Zufall, daß im Augenblick wirtschaftlichen Erfolges im Zeichen des Islam und einer kritischen Haltung der erfolgreichen Länder gegenüber dem Westen, dieser nun seinerseits beginnt, in den

südostasiatischen Ländern Demokratie und Menschenrechte anzumahnen, um die er sich im Falle Kuwaits
nach dem Golfkrieg nicht weiter gekümmert hat.

Die Grenzen öffnen sich

Im August 1989 verbrachte ich drei Wochen in Dubai, um in täglich sechs Stunden Privatunterricht die ersten Grundbegriffe der arabischen Sprache zu lernen. Ich erlebte aus der Ferne am Fernsehschirm, wie sich die ungarische Grenze öffnete und sich die Flüchtlinge aus der DDR auf einmal frei bewegen konnten. Keiner kam damals auf die Idee, wie schnell auch die Grenze zwischen beiden Teilen Deutschlands fallen sollte - wie schnell aber auch Begriffe wie nationale Identität und Überfremdung wieder gängige politische Münze werden würden. Und ich hatte nicht die geringste Idee, daß mein eigener Weg zu einer neuen islamisch-deutschen Identität zeitgleich mit einer allgemeinen deutschen Identitätskrise einhergehen sollte, die Toleranz und sachlichen Dialog eher erschwerte.

Am ruhenden Punkt der sich drehenden Welt: Reise nach Mekka

In tiefschwarzer Stille im gleißenden Flutlicht auf weißem Marmorboden stand sie vor mir, als ich die letzte Arkadenreihe der großen Moschee verließ: die Kaaba, das Haus, das Abraham baute - und ich fühlte nichts! Langsam begann ich die erste der sieben Umkreisungen der Kaaba entgegen dem Uhrzeigersinn, die jedem Mekkapilger vorgeschrieben sind. Es war gegen drei Uhr morgens, und die Müdigkeit einer fast 22-stündigen Reise machte meinen Körper schwer wie Blei. Die Konzentration auf die mühsam auswendiggelernten Gebetstexte, die an bestimmten Abschnitten der Umschreitung zu sagen sind, begann langsam, meine Müdigkeit zu verdrängen, und der Ort fing an, sich mir zu erschließen. Ich spürte die Kühle des Marmors, atmete die sanfte Nachtluft, sah die vielen ernsten Gesichter der Gläubigen aus aller Welt. Ich spürte die Ruhe, die von diesem Ort ausging, und die Stille, die über den vielen hundert Menschen schwebte, die mit mir die Kaaba umkreisten, nahm mich gefangen.

Unser Reiseleiter, der deutsche Muslim und Leiter des "Haus des Islam" im Odenwald, Muhammad Siddiq, wußte sicher, daß nicht nur ich mit der Atmosphäre des Ortes zu ringen hatte. Beim gemeinsamen Frühstück einige Stunden später erzählte er die Geschichte des Pilgers Ibrahim aus Marokko. Ibrahim war ein einfacher Mann, der sein ganzes Leben für die Pilgerfahrt gespart hatte. Am Morgen des zweiten Tages kam er traurig zu seinem Pilgerführer und erzählte ihm, daß er die Heiligkeit des Ortes überhaupt nicht habe empfinden können. Dieser habe aber den Grund dafür gewußt. Er sagte zu dem armen Pilger: "Bruder, Du solltest nicht traurig sein, bedenke, Dein Körper ist mit dem Flugzeug gekommen, und Dein Geist kommt auf dem Landweg nach." Ich fand diese Geschichte wunderschön und ungemein tröstlich, doch für mich selbst hatte sich die religiöse Dimension der großen Moschee schon im weiteren Verlauf meiner eigenen Pilgerfahrt erschlossen:

Nach der Umschreitung der Kaaba und nachdem er vom Brunnen ZamZam getrunken hat, muß der Pilger siebenmal die Strecke zwischen den Hügeln Safa und Marwa zurücklegen. Dieser Weg symbolisiert die verzweifelte Suche der Hagar, Abrahams zweiter Frau, die ihm Ismael gebar, nach Wasser in der Wüste, in der er sie zurückließ. Während ich die Strecke hin und her ging, spürte ich auf einmal einen Hauch der tiefen Verzweiflung der Hagar, alleine in der Wüste mit ihrem Kind, kein Baum, kein Strauch in der Nähe und kein Tropfen Wasser in Sicht. Und es war, als durchlebte ich selbst eine der existentiellen Lebenssituationen aus der Frühzeit der Menschheitsgeschichte.

Zwei Tage später befand ich mich zu einem Zeitpunkt in der Moschee, als relativ wenig andere Gläubige anwesend waren, und es bot sich die Gelegenheit, den schwarzen Stein, der in die eine Ecke der Kaaba eingelassen ist, zu küssen. Wieder hatte ich das überwältigende Gefühl des "Andockens", des sich In-eine-Reihe-Stellens mit unzähligen Gläubigen in der Vergangenheit und der Zukunft bis zum Ende aller Tage.

Ich habe mich oft gefragt, wie man als europäischer Muslim mit der Tatsache fertig wird, daß strenggenommen der Islam in seiner Kunst vieles nicht entwikkelt hat, was für uns eigentlich selbstverständlich ist, z. B. die großen Opern. Und ich fragte mich, wie man überhaupt ohne diesen "Kunstgenuß" leben kann. Die Antwort fand ich während meines Aufenthaltes in Mekka: Beim Morgengebet standen wir alle im Kreis um die Kaaba herum, Arm an Arm und den Blick zu Boden gesenkt. Dann begann der Imam den Qur'an zu rezitieren. Seine tiefe volle Stimme war der schönste Bariton, den ich jemals gehört hatte, und sie trug die Botschaft Allahs in unsere Herzen und über uns hinweg in das langsam transparent werdende Dunkel des morgendlichen Himmels. Ich vergaß in diesem Moment alle Opern dieser Welt mit ihren noch so schönen Stimmen, aber ihren auch ach so belanglosen Texten.

Das für mich wichtigste Erlebnis hatte ich am Freitag in der Moschee nach dem gemeinsamen Gebet. Ich hatte beschlossen, nicht mit den anderen ins Hotel zum Mittagessen zu gehen, sondern in der Moschee zu bleiben. Ausgestreckt auf einem der schönen Teppiche schlief ich ein und hatte einen unglaublichen Traum:

Ich war wieder ein kleiner Junge, der auf "seiner" Wiese in Bogenhausen in München spielte. Es war Frühling, und die Jasminsträucher um die Wiese herum waren über und über mit weißen duftenden Blüten übersät. Mein kleiner Hubschrauberpropeller flog weit hinein in den strahlend blauen Himmel, und meine Mutter und meine Tante jubelten mit mir über den gelungenen Flug. Ich fühlte mich frei und unbeschwert, und als ich wieder aufwachte, war es mir, als sei alles, was zwischen damals und heute geschehen war, ausgelöscht, als sei ich zurück an jenen glücklichen Punkt meiner Kindheit gekehrt, um von dort aus erneut den Weg in die Zukunft anzutreten, diesmal ohne die Irrungen und Wirrungen, die meine Jugend mit sich gebracht hatte.

Noch heute beschäftigt mich dieser Traum, und er erfüllt mich zugleich mit großem Glück, denn wer kann schon sagen, daß er im wahrsten Sinne des Wortes noch einmal von vorne anfangen konnte?

Saddam Hussein greift an

Mit dem Einmarsch der Truppen Saddam Husseins in Kuwait im August 1990 schlug die Stunde der westlichen "Experten" für den Islam und die arabische Welt. Und wie nicht anders zu erwarten, fanden auch Kollegen und Bekannte wieder einmal eine Bestätigung für ihre vorgefaßte Meinung, daß der Islam eine antiwestliche Kriegstreiberreligion sei. Inzwischen hatte ich jedoch genug gelesen und war so fest in der islamischen Gemeinde verankert, daß ich in der Lage war, mit vielfältigen Argumenten zu widersprechen.

Als in der Oktoberausgabe des Monatsmagazins der Jungen Union, "Die Entscheidung", der Artikel eines "Experten" erschien, griff ich zur Feder, um die schlimmsten Fehlinformationen richtigzustellen. Es dauerte einige Monate (genau gesagt bis zur Ausgabe Juli/August 1991), bis die Redaktion Platz fand, meinen Artikel zu veröffentlichen, aber meine monatlichen Nachfragen erreichten schließlich ihr Ziel:

Der Islam als Feindbild

Nur kurz war die Freude im Sommer 1990 über das Ende des Ost-West-Konfliktes. Im August marschierten irakische Truppen in Kuwait ein, Saddam Hussein hatte einen lange schwelenden Konflikt unübersehbar auf die internationale Tagesordnung gesetzt.

Für viele Journalisten war die Sache schnell klar: Von der Verurteilung des Diktators Saddam Hussein war es nur ein kleiner Schritt zur uneingeschränkten Verteufelung des Islam als einer Religion wilder Fundamentalisten, die nur einen Feind kennen: die USA und damit die gesamte westliche Welt.

Als wollten sie von der Tatsache ablenken, daß Saddam die westliche Welt nur bedroht und bedrohen kann, weil sie selbst ihm die Waffen dazu geliefert hat, stellen diese Journalisten den Golfkrieg in die vermeintliche Kontinuität eines 1400 Jahre dauernden Konflikts zwischen der islamischen und der westlichen Welt. So schreibt z. B. ein "junger Experte" in seinem Artikel "Saddam Hussein - nur ein Meilenstein!" (Die Entscheidung Oktober/90):

"Bei der Golfkrise - wie nahezu allen Vorkommnissen im Nahen Osten - handelt es sich 'nur' um eine erneute Manifestation eines viel tiefer gehenden Konflikts: Saddam Husseins Aggression hat die Welt zwar an den Rand eines Krieges gebracht, doch die Liste derart großer Meilensteine auf dem Weg dieser seit 1400 Jahren währenden Auseinandersetzung ist nicht unerheblich."

Drei Aussagen kehren bei diesen Betrachtungen immer wieder. Sie werden durch Wiederholungen zwar nicht wahrer, aber es besteht die Gefahr, daß sie sich, wenn sie unwidersprochen bleiben, von den Lesern für wahr angesehen werden:

1. Der islamische Teil der Welt (das Haus des Islam) befindet sich im permanenten Kriegszustand mit dem Rest der Welt (Haus des Krieges).

2. Gott gebot dem Propheten die Verbreitung des Islam mit Feuer und Schwert.

3. Der "heilige Krieg" ist Lebensziel und Lebensinhalt eines jeden Muslims.

Die Falschmeldung vom immerwährenden Krieg

In seinem Artikel schreibt der Autor:

"Im 9. Jahrhundert erstellten arabische Theologen und Rechtswissenschaftler ein ebenso kurzes wie aussagekräftiges Dogma: Die Welt besteht aus zwei Teilen, einerseits dem 'dar al-islam' (Haus des Islam), also allen Religionen, die sich zum 'wahren Glauben' bekennen, und zum anderen dem 'dar al-harb' (Haus des Krieges). Der islamische Teil der Welt befindet sich demnach in einem permanenten Kriegszustand mit dem Ziel der Weltherrschaft. Friedliche Zeiten sind als Phase des Waffenstillstandes zu betrachten. Diese Doktrin wurde nie widerrufen, sie besitzt noch heute uneingeschränkte Gültigkeit."

Abgesehen von der Tatsache, daß es im Islam weder eine Amtskirche gibt, wie sie das Christentum kennt, noch von Theologen und Rechtswissenschaftlern aufgestellte immergültige Dogmen, vermittelt diese Darstellung eine verkürzte Information und betreibt damit eine unzulässige Schwarz-Weiß-Malerei. Schon Abu Hanifa (gest. 767) entwickelte drei Kriterien, nach denen sich bestimmen läßt, ob ein Volk als islamfeindlich angesehen werden darf oder nicht:

- Es müssen nicht-islamische Lebensregeln wie Freiheit des Ehebruchs, des Wuchers, des Alkoholgenusses, des Glücksspiels und anderer vom Islam verbotener Tätigkeiten und Eigenschaften vorherrschen.
- Aufenthaltsverbot für Muslime im nicht-islamischen Bereich sowie feindselige Einstellung, verbunden mit militärischer Bedrohung.
- Es muß ein Zustand herrschen, bei dem die Muslime und die jenigen, die unter ihrem Schutz stehen, sich nicht sicher fühlen können.

Dazu stellt Shaik Muhammad Abu Zara von der Universität Al Azhar fest:

"Dies sind die Attribute einer nicht-islamischen oder islamfeindlichen Gruppe. Wenn irgendeine dieser Bedingungen nicht erfüllt ist, so handelt es sich bei dem betreffenden Volk nicht um eine islamfeindliche Nation. Wenn ein Land zwar nicht die islamischen Rechtsgrundsätze durchführt, den Muslimen ihre Einhaltung aber erlaubt, so handelt es sich nicht um ein islamfeindliches Land." (in: Begriff des Krieges im Islam, hrsg. vom Obersten Rat für islamische Angelegenheiten, Kairo 1952)[17]

Auch Al-Kassani kommt bei seiner Auslegung von Abu Hanifa zu einem entsprechenden Schluß: "Wo einem Muslim die Rechtssicherheit nicht versagt wird, handelt es sich nicht um ein Gebiet der Ungläubigen."[18]

Nach diesen Definitionen gehört also auch Deutschland nicht zum Haus des Krieges und niemand braucht sich durch Agitatoren Angst vor einem immerwährenden Kriegszustand einreden zu lassen.

Die Legende von Feuer und Schwert

Unser Autor schreibt:

"Gott gebot dem Propheten Muhammad - so sagt es die islamische Überlieferung - in seinen Offenbarungen die Verbreitung des wahren Glaubens, des Islam, mit Feuer und Schwert."

Die Geschichte unserer Erde kennt mehrere kontinentale Eroberungszüge:

- die Ausbreitung der muslimischen Araber bis nach Spanien;
- die Unterwerfung Lateinamerikas durch die katholischen Einwohner der iberischen Halbinsel;
- die Besiedlung Nordamerikas durch größtenteils christliche Dissidenten, die im alten Europa nicht ihren Glaubensvorstellungen entsprechend leben konnten.

Die Ergebnisse dieser drei (kriegerischen) Wanderungsbewegungen kann man in jedem Geschichtsbuch lesen: In Nordamerika sorgten die christlich-europäischen Einwanderer für die fast vollkommene Ausrottung der Ureinwohner. Klägliche Restbestände werden in wildparkähnlichen Reservationen gehalten.[19] In Lateinamerika kam es zur blutigen Christianisierung. Die arabisch-islamische Eroberung brachte dagegen eine fast 800 Jahre dauernde kulturelle Blüte, verbunden mit religiöser Toleranz. Soweit die Fakten.

Nun zur Beantwortung der Frage islamischer Mission. Um es kurz zu sagen, der Islam kennt keinen Auftrag zur Mission im Sinne des Christentums, Andersgläubige durch gute Worte oder militärische Gewalt zur Religion der Missionare zu bekehren.

Wie ist dann aber die unglaublich schnelle Ausbreitung der arabischen Herrschaft bis nach Spanien zu erklären? Sigrid Hunke weist in ihrem Buch "Allah ist ganz anders"[20] auf eine wichtige Tatsache hin: Es ging den arabischen Eroberern nicht darum, die Menschen zu bekehren, sondern darum, das Herrschaftsgebiet Gottes auszudehnen - eine Strategie, die gepaart mit muslimischer Toleranz in der Tat andere Folgen für die Eroberung Nordafrikas und Spaniens hatte als die Unterwerfung der Ureinwohner Latein- und Nordamerikas, wie oben beschrieben.

Zu einer ähnlichen Erklärung kommt Montgomery Watts:

"Für die Bewohner Spaniens mag die arabische Invasion von 711 wie ein Blitz aus heiterem Himmel gekommen sein, für die Muslime war sie dagegen die normale Fortsetzung eines Prozesses, der bereits zu Lebzeiten Mohammeds begonnen hatte. Dieser Prozeß entstand aus der islamischen Abwandlung der nomadischen 'Razzia'. Seit Jahrhunderten pflegten Nomadenstämme Raubzüge (Razzien) gegen andere Stämme zu unternehmen. Ziel dieser Angriffe war es für gewöhnlich, die Kamele oder das sonstige Vieh des Feindes wegzuführen."[21]

Die Übernahme dieser Kriegstechnik durch die jungen Muslime führte zu einer kontinuierlichen Vergrößerung des islamischen Bundes und zu einer ständigen territorialen Expansion. "Das soll jedoch nicht heißen, daß sich der Islam als Religion durch das Schwert verbreitet hätte, ..."[22], denn Juden und Christen gelten als Anhänger der Schwesterreligionen des Islam, die unter den neuen Herrschern den Status von "Schutzbefohlenen" bekamen.

"djihad" *weder Krieg noch heilig!*

Der wohl am häufigsten verwendete Begriff, wenn es darum geht, Muslime als Bedrohung für Christen und den Rest der Welt darzustellen, ist der des "djihad", in der Regel übersetzt mit "heiliger Krieg" - der sich "natürlich" gegen die nicht-islamische Welt richtet. Auch hier beginnt es schon mit einer falschen Übersetzung: *djihad* ist nicht das arabische Wort für Krieg, vielmehr gibt es für den Begriff der kriegerischen Auseinandersetzung zwei Worte: *kital* und *harb* (denen wir oben schon begegneten). "Harb" umschreibt den Kriegszustand an sich und "kital" den Kampf gegen einen Angreifer.

Es ist allerdings richtig, daß "djihad" die Pflicht der Gemeinschaft umschreibt, die Herrschaft der Rechte Gottes auf der ganzen Erde auszubreiten und zu festigen, aber auf wie dies geschehen soll, wird deutlich, wenn man die Klassifizierung des Wortes *djihad* genau untersucht, so wie sie sich aus Koran und Sunna ergibt:

- *djihad akbar* (die äußerste Anstrengung), mit der man die eigenen schlechten Neigungen bekämpft;

- *djihad kabir* (die große Anstrengung), mit der man den Islam verkündet (d. h. über ihn informiert, nicht zu ihm bekehrt);

- *djihad asgar* (die kleine Anstrengung), mit der man die Glaubensfreiheit verteidigt und für Verfolgte und mit Waffengewalt Unterdrückte eintritt.[23]

Aus dieser Hierarchie ergibt sich klar, daß der Kampf nach außen die geringste Priorität hat. Viel wichtiger ist die Bekämpfung der eigenen schlechten Eigenschaften.

Natürlich nützt der Begriff des "djihad" doppelten Interessen: Im Westen hilft er die Furcht vor Muslimen zu schüren, und im islamischen Bereich dient er dazu, kriegslüsternen Diktatoren Gefolgschaft zu verschaffen, indem reine Machtkriege als "heilig" erklärt werden. Eine Aufzählung führt - sicher ohne Anspruch auf Vollständigkeit - im Lauf der Geschichte alleine 18 Fälle auf, in denen der "heilige Krieg" ausgerufen wurde: und zwar von einem islamischen Land gegenüber einem anderen.

Saddam Hussein steht also durchaus in der Kontinuität der Geschichte, allerdings anders als von unserem Autor beschrieben. Im übrigen verstößt Saddam Hussein, indem er Glaubensbrüder mit Krieg überzogen hat, gegen eines der wichtigsten Gebote des Koran: Keinen Krieg gegen Muslime zu führen.

Wer vor diesem Hintergrund den Begriff des djihad weiter als Metapher für die Bedrohung der westlichen Welt durch den Islam und die Araber benützt, muß sich sagen lassen, daß er mehr Unfrieden stiftet als der Begriff selbst.

In achtzehn Tagen um die Erde

Nach der Bundestagswahl im Dezember 1990 war endlich einmal Zeit, richtig Urlaub zu machen. Lang war
die Liste der Orte, die ich schon immer einmal besuchen wollte. Ich machte es mir deshalb einfach: Ich besuchte meine Traumstädte hintereinander auf einem
Flug um die Welt.
  In Dubai, Singapur und Brunei Darussalam konnte ich
sehr unterschiedlich ausgeprägte islamische Kulturen
bzw. gemischte Kulturen beobachten. Zum ersten Mal
sah ich auch die USA mit anderen Augen - unter dem
Gesichtspunkt, ob und wie die dortige Elite sich mit der
islamischen Welt befaßt.

Zürich-Dubai

"Dirham der Vereinigten Arabischen Emirate haben wir
nicht vorrätig. Sie wissen schon, wegen des Kursrisi-
kos...", so die Auskunft der Bank: Etwas ist nicht mehr
so wie früher. Auch die Flugroute nach Dubai hat sich
geändert: Früher im weiten Bogen um den Erzfeind
Iran über Libanon, Jordanien, Saudi Arabien, heute
über Teheran, Isfahan, Schiraz ... Es ist dunkel geworden, als der Pilot sich meldet: "Wie Sie wissen, fliegen
wir über ein internationales Krisengebiet. Damit wir als
Zivilflugzeug erkennbar sind, schalte ich jetzt die Ka-
binen- und Außenbeleuchtung auf Maximum. Bitte
schieben Sie Ihre Sonnenblenden hoch." Strahlend wie
ein Christbaum mit Festbeleuchtung gleiten wir durch
die Nacht nach Dubai. Es ist nur zu hoffen, daß uns

keine amerikanische Rakete für ein feindliches Objekt hält!

Dubai

Dubai gleicht einem Heerlager. So ähnlich muß es in Saigon während des Vietnam-Krieges ausgesehen haben. Die Bars voll von jungen Soldaten. Blond, blauäugig, ohne zu wissen, wo sie sind oder warum. Die Einheimischen haben sich in die weitläufige Lobby verzogen. Man beobachtet sich distanziert, kaum ein kurzer Wortwechsel, Kommunikation findet nicht statt.

Frühmorgens am Strand ist es wie immer. Die strahlende Sonne, blau-grün schimmerndes Meer, die Anlagen makellos gepflegt. Mütter mit Kindern - Familien westlicher Angestellter - genießen den freien Vormittag. Gegen elf die ersten französischen Paras, später der erste von vielen Bussen mit amerikanischen Soldaten. Zeit zum Gehen.

Mit Freunden. "Komm, Bruder, wir fahren spazieren." Zeitloses Gleiten durch Vororte und über Land. Hier frischer Fruchtsaft aus pürierten Mangos, Bananen und Melonen, dort ofenheißes Brot mit Fisch und Ei. Reden über die Dinge: "Alles nur wegen der eingebildeten Kuwaitis." "Das Ölgeschäft ist tot, nichts geht zur Zeit." "Iran ist wieder ein guter Freund." "Qabus (Sultan von Oman) ist ein guter Mann: Er gibt seinen eigenen Leuten Arbeit und läßt nicht so viele Fremde ins Land."

Am Flughafen eine Völkerwanderung in Richtung Pakistan. Bruderküsse, eine lange, feste Umarmung. Nur Gott weiß, wann wir uns wiedersehen.

Singapur

Dreißig Grad im Schatten. Monsunregen. ...Regen? Sturzbäche! Dann wieder Sonnenschein über dampfenden Straßen und naßglitzernden Palmen. Von Zweig zu Zweig, von Baum zu Baum, Lichterketten, zehn Kaufhäuser hintereinander, vor jedem Kaufhaus eine Krippe, Menschenschlangen: Klick, ein Foto von Mutter und Kind aus Japan vor Maria und Josef, weiter, der Nächste bitte. "I'm dreaming of a white Christmas ..."

Zurück ins klimatisierte Hotel mit unaufdringlichem Luxusservice. Stille, Marmor, Orchideen. Nachdenken: Ist das die Lösung der Probleme der Dritten Welt?

Da nirgends im Hotel die Gebetsrichtung angegeben ist, gehe ich wieder auf den Bürgersteig. Ein altes Männlein steht an der Ecke mit Regenschirmen, wartet auf den nächsten Guß. Er hat eine weiße Kappe auf und strahlt, als ich ihn frage. "Bruder, Du mußt in Richtung des Berges mit der einen hohen Spitze beten." Wir verabschieden uns lächelnd.

Die Skyline: imponierende Hochhäuser, dazwischen Kahlschlag, hier und dort noch eine alte Straße, niedrige Shop-Häuser mit pilzbewachsenen Wänden. Wohlstand und Sauberkeit haben jegliche Identität aufgefressen. Inzwischen läuft eine Kampagne. "Wenn Du chinesisch bist, sprich chinesisch!" Wen wundert es, wenn die Minderheiten verschnupft sind. Wird hier das friedliche Nebeneinander von Hindu-Tempel und Moschee, christlicher Kirche und chinesischer Gebetsstätte auf Dauer erhalten bleiben?

Brunei Darussalam

Sanfte, baumbestandene Hügelketten umschließen und durchziehen die Hauptstadt an der Biegung des Brunei-Rivers. Im Fluß die Pfahlbauten der über 30.000 Einwohner, die um nichts in der Welt in Neubauten aufs Festland ziehen wollen. Wie das Gebrumm wütender Hummeln: die Motoren zahlloser Wassertaxis auf dem Fluß.

Im Zentrum der Stadt, zwischen Land und Wasser, die große Moschee mit ihrer goldenen Kuppel. Per Dekret wird das Land trockengelegt: Ab 1. Januar gibt es keinen Alkohol mehr - auch nicht in den internationalen Hotels.

"Holzblockade! Spannungen steigen!" Die Schlagzeilen des Borneo Bulletin machen unübersehbar deutlich, worum es in Borneo zur Zeit geht: Die Schlacht um den Regenwald. Während um Brunei herum der Wald so schnell abgeholzt wird, daß voraussichtlich in sechs Jahren Holz eingeführt werden muß, hat Brunei selbst seinen Regenwald unter Naturschutz gestellt. Anfang 1991 wird die Regenwald-Universität ihre Arbeit beginnen mit der Bestandsaufnahme der Flora des Regenwaldes: vorbildlich. Als Muslim ärgert es mich, daß malaysische Politiker mit antikolonialistischer Überzeugung erklären, sie ließen sich von westlichen Politikern nicht mehr bevormunden, der Regenwald sei ihr Eigentum - und dabei völlig das islamische Gebot des Naturschutzes vergessen ebenso wie die Tatsache, daß nicht ihnen die Schöpfung gehört, sondern Gott!

Der Deutsche in mir ist auch angesprochen: Wir sind die Hauptabnehmer von Holz aus Malaysia, wir setzen uns für die Erhaltung des brasilianischen Regenwaldes ein. Es wird Zeit, daß wir erkennen, daß auch in Südostasien der Regenwald extrem gefährdet ist!

Das Scheitern der GATT-Runde explodiert in mein Gesicht: In vielen Gesprächen und Zeitungsartikeln wird die Haltung Europas und der Ersten Welt heftig kritisiert: Unsere Landwirtschaftssubventionen rauben der Dritten Welt die Lebenschancen![24] Eine Schlagzeile der Singapore Times sagt es überdeutlich: "Deutschland: ökonomischer Gigant - moralischer Pygmäe!"

Los Angeles/Chicago/New York

Nach zwanzig Stunden Flug Ankunft in der alten/neuen Welt. Jeden Abend ein vorweihnachtliches Essen, viele interessante Gespräche: Glückwünsche aus tiefstem Herzen zur Wiedervereinigung und zur Freiheit. Völliges Unverständnis über die Haltung Deutschlands im Golfkonflikt. Man fühlt sich alleine gelassen, der Depp der westlichen Welt.

Lektüre für den Heimflug und die Zeit zwischen den Jahren: "Powershift" von Alwin Toffler. Imperiale Vision computerisierter Wirtschaft und Politik im Wettstreit der drei Großen: USA, Europa, Japan. Ich frage mich: Und der Rest der Welt?

Typisch: Im Index wird vom Wort "Muslim religion" verwiesen auf "Fundamentalism" und unter dem Stichwort Islam findet man ebenfalls Abschnitte über Fundamentalisten. Ich erinnere mich an die "Megatrends 2000" von Naisbitt: Dort kam das Wort Muslim im Index überhaupt nicht vor und der Begriff Islam ausschließlich in der Kombination "Islamic fundamentalism". Das Ziel einer partnerschaftlichen Entwicklung mit islamischen Ländern kommt der amerikanischen Elite offensichtlich nicht in den Sinn.

Fazit der Reise

Nach dem Überfliegen zahlloser Grenzen auf dieser Reise bleibt nur eine Erkenntnis: Die Erde ist ein Ganzes! Nur, wann wird das zur Grundlage unserer Politik?

Friedensdialog in Bonn

In unserer Zeit, in der eine Vielzahl von Massenmedien unaufhörlich Informationen über Betrachter, Hörer und Leser ausschütten, ohne daß diese die Möglichkeit zu einem echten Dialog hätten, rennt jeder Politiker, der die Forderung nach einem Dialog stellt, offene Türen ein. So auch Heiner Geißler, wenn er in einem Artikel in der Zeitung "Rheinischer Merkur" (3. 5. 1991) fordert:

"Wir müssen endlich den Dialog mit dem Islam aufnehmen!" Doch Zweifel an seiner Art von Dialog scheinen angebracht, wenn er nur wenige Zeilen später ausführt: "Warum konzentrieren wir uns mit unseren Medien, von der Deutschen Welle angefangen bis zu anderen Medien, nicht darauf, die islamische Welt über unsere Vorstellungen oder unsere Ziel mehr und besser zu informieren?"

Denn echter Dialog beruht immer auf der Bereitschaft, sich gegenseitig zuzuhören und voneinander zu lernen, nicht darauf, die andere Seite über die eigenen Ziele zu informieren! Um einen echten Dialog ging es der Bonner Bundesstagsabgeordneten Editha Limbach und mir bei einer Aktion, die wir im Frühjahr 1991 begannen:

Nach dem Ende der Kampfhandlungen in Kuwait im Frühjahr 1991 war das Bild des Islam und der arabischen Welt in der deutschen Presse auch weiterhin von einseitiger Berichterstattung geprägt, die in den meisten Fällen von wenig Sachkenntnis getrübt war. Um ein Zeichen zu setzen, empfahl ich Editha Limbach, die in Bonn akkreditierten Botschafter der arabischen Länder zu einem "Friedensdialog" einzuladen. Frau Limbach stimmte diesem Vorschlag sofort ohne Vorbehalt zu, und wir beschlossen, um den Kreis übersichtlich zu halten, die Botschafter der im Golf-Kooperationsrat zusammengeschlossenen Staaten einzuladen.

Der Erfolg war umwerfend: Bereits zwei Tage nach Versand der Einladung kam die erste Zusage, und da der Ramadan vor der Tür stand, die Botschafter aber nicht bis zum Ende des Ramadan warten wollten, fand unser erstes Treffen bereits am fünften Tag des Ramadan statt. In unregelmäßigen Abständen folgten weitere Gespräche, auf Wunsch der Botschafter erweitert um den Vertreter Syriens. Auch aus dem Kreis der Botschafter erfolgten Einladungen, zu denen weitere Parlamentarier - auch aus anderen Fraktionen - geladen waren.

Alle Deutschen waren überrascht über die Zugänglichkeit und Offenheit der Exzellenzen, und wenn hier auch nicht über Details unserer Gespräche berichtet werden kann, gab es bereits zu dieser Zeit Äußerungen von arabischer Seite, die ein Ereignis wie das jetzige Gaza-Jericho-Abkommen nicht als utopisch erscheinen ließen.

Mit den zunehmenden Problemen der deutschen Einheit, dem Beginn des Krieges in Bosnien-Herzegowina und dem unvermeidlichen Botschafterwechsel versandete diese Initiative nach einigen Gesprächen. Für alle Beteiligten brachte sie jedoch eine wichtige Erfahrung: Dialog ist durchaus möglich - und manchmal sogar leichter herzustellen als man glaubt.

Eine Ausnahme bildete nur ein Spitzenpolitiker der CDU, dem man nachsagte, er habe großes außenpolitisches Interesse: In einem Flugzeug saß ich zufällig

einmal vor ihm und sprach ihn auf unseren Gesprächs-
kreis an. Ich fragte ihn, ob er nicht teilnehmen wolle
oder wenigstens die Ergebnisse unserer Gespräche erhalten wolle. Seine Antwort: "Ach wissen Sie, Herr
Hoffmann, ich glaube, wir lassen das, es interessiert
mich wirklich nicht!"

Hoyerswerda - Lichtenhagen - Boulevard Bio

Im Herbst 1991 gingen die Bilder der ausländerfeindlichen Ausschreitungen von Hoyerswerda in Deutschland und im Ausland über die Fernsehbildschirme. Kein Wunder, daß junge Muslime in der ehemaligen DDR Angst bekamen, sich auf der Straße zu zeigen. Über Freunde erreichte mich die Frage, ob ich denn nicht bereit sei, vor einer Gruppe von Studenten aus arabischen Ländern zu sprechen, ihnen etwas über meinen eigenen Lebensweg und seine Probleme zu erzählen, ihnen zuzuhören, ihre Fragen zu beantworten und ihnen etwas Mut zu machen. Ich sagte sofort zu und fand mich wenige Wochen später an einem bitterkalten Abend im Saal eines Informationszentrums in der Nähe des Bahnhofes einer ostdeutschen Großstadt.

Sie waren aus allen Teilen des Landes angereist. Noch zu DDR-Zeiten ins Land gekommen oder geholt, zum Teil zwischen den Umwälzungen in der deutschen Politik und an den deutschen Hochschulen gestrandet, sahen sie mich, den Bruder, aber auch den Deutschen mit fragenden Augen, in denen stellenweise Angst zu lesen war, an. - Ein Blick, der mir in Zukunft immer wieder begegnen sollte ...

Ich erzählte ihnen von meinem Weg, angefangen von meiner Erkenntnis, über das lange Bemühen, Informationen zu beschaffen, bis hin zum Bekenntnis und zur Bewältigung der Schwierigkeiten, die danach folgten. Meine zentrale Aussage war: Wenn jemand wie ich es mit der Hilfe Allahs schaffen kann, dann könnt ihr das auch! Man darf sich nur nicht unterkriegen lassen! Selbstverständlichkeiten einerseits, Banalitäten andererseits, angesichts eines politischen Klimas, das lebensgefährliche Situationen nicht ausschloß. Da das Unbehagen an der Stimmung in der Stadt so groß war, traute sich keiner, alleine durch das düstere Bahnhofsviertel ins Hotel zu gehen. Wir warteten deshalb, bis alle ihre Sachen gepackt hatten und gingen geschlossen zusammen durch die Straßen. Am nächsten Morgen wieder die Ungewißheit: War es ein Versehen, ein Rest sozialistischen Schlendrians oder eine bewußte Mißachtung von Ausländern: Die Veranstalter hatten mit der Hallenverwaltung ausgemacht, daß der Tagungsort um sechs Uhr in der Frühe aufgeschlossen werden sollte, damit wir im Foyer das Morgengebet durchführen könnten und genug Zeit blieb, das Frühstück zu richten. Als wir um kurz nach sechs an die Halle kamen, war sie immer noch geschlossen. Zunächst scherzend, dann immer ärgerlicher warteten wir in eisiger Kälte auf dem Vorplatz. Da um sieben Sonnenaufgang war und das Morgengebet vor Sonnenaufgang abgeschlossen sein muß, holten ein paar Brüder um viertel vor sieben einige Wolldecken aus ihren Autos, wir breiteten sie vor dem Haupteingang auf dem Boden aus und beteten, so wie es im Qur'an steht: Mit einigen Brüdern hinter uns stehend, die aufpaßten, daß niemand uns störte.

Als der Hausmeister um viertel nach sieben kam und sich entschuldigte, daß er verschlafen habe, war es uns fast schon wieder egal: Wir hatten ein unglaubliches Erlebnis islamischer Gemeinschaft gehabt: Wir hatten in Dunkelheit und Novemberkälte auf einem Platz in Deutschland gemeinsam gebetet!

Ein Jahr später erschütterten uns die Fernsehbilder aus Lichtenhagen, und damit begann eine ungeheure Reihe von Feindlichkeiten gegenüber Ausländern. Ihre Grundstimmung war nie direkt anti-islamisch, da aber die meisten Opfer türkisch waren, spielte das religiöse Element immer mit, und die Brüder und Schwestern fühlten sich immer bedrohter.

Alfred Biolek hatte im Rahmen seiner Sendung "Boulevard Bio" jüdische Mitbürgerinnen und Mitbürger zum Gespräch eingeladen. Nach vielen Briefen von Muslimen in Deutschland mit dem Vorschlag, auch das Gespräch mit Muslimen zu suchen, begann er eine derartige Sendung vorzubereiten. Ich war sprachlos, als eines Tages in meinem Büro das Telefon klingelte und sich eine Stimme meldete, "Guten Tag, Herr Hoffmann, hier ist das Büro von Herrn Biolek ..." Der deutsche Botschafter in Marokko, der Muslim Murad Hofmann, hatte meinen Namen genannt, da er nach dem von einer SPD-Abgeordneten angerührten Skandal anläßlich der Veröffentlichung seines Buches "Der Islam als Alternative" vom Auswärtigen Amt keine Erlaubnis bekam, in der geplanten Sendung zu erscheinen.

Wie es weiterging, ist schnell beschrieben: Dem Vorgespräch folgte die Sendung zusammen mit vier anderen deutschen Muslimen, und der Sendung folgte eine kleine Lawine von Briefen an die Führung der CDU und meinen Kreisverband über die Ungeheuerlichkeit, einen Muslim in der CDU-Bundesgeschäftsstelle zu beschäftigen und ihn als Pressesprecher für die CDU sprechen zu lassen! Meine Kolleginnen und Kollegen verhielten sich unglaublich solidarisch, in allen Antwortschreiben wurde ich verteidigt, aber das Gefühl, als Muslim in der CDU ein Ärgernis zu sein, blieb.

Was jedoch viel wichtiger war: Ich hatte endlich den Mut gefunden, mich auch vor einer breiten Öffentlichkeit als Muslim zu bekennen und damit ein Zeichen gesetzt. Muslime aus allen Himmelsrichtungen begannen, mir zu schreiben, ihre Sorgen und Nöte mitzuteilen und um Rat zu fragen. Zuweilen wurde ich auch in islamische Gemeinden eingeladen, zum Gespräch, zum Vortrag, oder einfach nur, um zuzuhören. Besonders türkische Muslime wandten sich oft an mich, so daß ich langsam auch Zugang in nicht-arabische Gemeinden fand.

Zu einer besonders schönen Veranstaltung fuhr ich im November 1992: Ein junger Türke hatte in einer Kleinstadt in Norddeutschland einen Sportverein gegründet, um für seine Landsmänner ein Freizeitangebot jenseits von Disco und Spielhölle zu schaffen. Nun hatte er sich entschlossen, ein Ausländerfest zu organisieren. Gegen alle Widerstände gelang es ihm, einen Veranstaltungsraum der Gemeinde zu erhalten. Mit Ausländern aus verschiedenen Ländern plante er ein Programm mit Folklore und kulinarischen Köstlichkeiten, eine deutsche Schulklasse beteiligte sich - nur die Repräsentanz der deutschen Politiker, speziell der CDU, ließ zu wünschen übrig. Deshalb beschloß er, mich anzurufen, damit wenigstens ein "Repräsentant" der CDU da wäre (Die lokalen Matadore kamen dann schließlich doch noch). Das Fest war ein schöner Erfolg, nur mir war es gar nicht recht und völlig ungewohnt, als "Ehrengast" begrüßt zu werden! Ich nahm jedoch die Gelegenheit wahr, etwas über eine zentrale Botschaft des Islam zu sagen: Im Qur'an heißt es, daß die Verschiedenheit der Menschen ein Zeichen Allahs ist. An mehreren Stellen im Koran finden sich dazu Aussagen:

"Und wenn Allah gewollt hätte, hätte Er euch zu einer einzigen Gemeinschaft gemacht. Doch will Er euch prüfen in dem, was Er euch hat zukommen lassen. So eilt zu den guten Dingen um die Wette." (Sura 5:48)

"Zu seinen Zeichen gehört die Erschaffung der Himmel und der Erde und auch die Verschiedenheit eurer Sprachen und Arten. Darin sind Zeichen für die Wissenden." (Sura 30:22)

"O ihr Menschen, Wir haben euch von einem männlichen und einem weiblichen Wesen erschaffen, und Wir haben euch zu Verbänden und Stämmen gemacht, damit ihr einander kennenlernt. Der Angesehenste von euch bei Allah, das ist der Gottesfürchtigste von euch. Allah weiß Bescheid und hat Kenntnis von allem." (Sura 49:13)

Allah hat uns so unterschiedlich geschaffen, damit wir uns kennenlernen sollen und ich bat die Zuhörer zu überlegen, ob nicht solch eine Grundeinstellung die gute Basis für ein friedliches Zusammenleben böte, da sie von vornherein jegliche Feindlichkeit gegenüber dem anderen ausschlösse. Besonders glücklich war ich, als ich später den Zeitungsbericht über diese Veranstaltung las und die Überschrift das Zitat des von mir verwendeten Verses aus dem Qur'an war.

Seither sprach ich in vielen großen und kleinen Versammlungen, "Kamingesprächen" und Seminaren. Ich traf auf Interesse, Verständnis und Borniertheit, fuhr manchmal glücklich nach Hause und manchmal deprimiert. Aber ich habe gelernt: Nur Information bringt Verständnis, und nur Verständnis ist die Basis für ein friedliches Zusammenleben, und das ist den Einsatz wert.

Gott offenbarte sich noch ein letztes Mal
Gedanken zum Verhältnis der CDU zum Islam

Der zweite Parteitag der wiedervereinigten CDU in Dresden im Dezember 1991 sollte einer breitangelegten Standortbestimmung, nicht nur auf Deutschland bezogen, dienen. Die Herausgeber der "SONDE", einer Vierteljahresschrift für "Neue Christlich Demokratische Politik", baten mich aus diesem Grund, einen Artikel über das Verhältnis der CDU zum Islam zu schreiben. Auf dem Parteitag gratis verteilt, einem breiten Kreis von Abonnenten zugestellt, erreichten meine Aussagen sicher einige Leser - die Reaktion, die ich erhielt, war allerdings gleich null. Obwohl in der "SONDE" grundsätzlich die Anschriften der Autoren angegeben werden, erreichte mich kein Brief, kein Anruf oder sonstige Stellungnahme - ein interessanter Gradmesser für die Dialogbereitschaft und das Interesse an geistiger Auseinandersetzung und internationaler Politik innerhalb der CDU:

Dubai, August 1991

Die Sonne strahlt vom wolkenlosen blauen Himmel. Kein Ölfleck trübt das türkis schimmernde Meer, kein Teerfleck den kilometerlangen weißen Sandstrand. Die Hotels melden für die im September beginnende Touristensaison bereits jetzt eine Auslastung von 70% bis 90%.
    Der Wüstensturm ist vorübergezogen. Nur an den Hotelbars sind ein paar amerikanische Soldaten hängen geblieben. Es ist, als wäre nichts gewesen ...

Bonn, September 1991

Mit dem Ende des Golfkrieges kam auch das Ende des Sturmes im deutschen Blätterwald. Vordergründig stellt sich die Frage, ob es zu begrüßen ist, daß die Leser nun von der voreingenommenen Geschwätzigkeit mancher "Experten" verschont bleiben, oder ob es nicht eher nachdenklich stimmen sollte, daß das öffentliche Interesse an den Fragen der arabischen Staaten und des Islam so kurzlebig war. (Eine Ausnahme bilden allerdings die ausführlichen Beiträge der Nr. 37-38/91 der Zeitung "Das Parlament".)

Tiefergehend und weitersehend bleibt die Notwendigkeit, sich mit den Fragen der arabisch-islamischen Welt gründlich auseinanderzusetzen und den Dialog mit den Menschen dieser Region zu führen. Nur gemeinsames Lernen von- und übereinander kann die Grundlage zu einem friedlichen Zusammenleben von Europa und Arabien schaffen. Denn das Mittelmeer ist nicht das Ende der Welt für Europa, es ist das Meer der Mitte zwischen Europa und der arabisch-islamischen Welt von Nordafrika bis hin zur arabischen Halbinsel, verbindendes Element in einem gemeinsamen Lebensraum.

Grundlagen des Zusammenlebens
von Muslimen und Christen

Im Verlauf der vergangenen fast anderthalb Jahrtausende (Muslime schreiben derzeit das Jahr 1412) hat es unzählige einseitige oder falsche Berichte über die arabisch-islamische Welt gegeben. Diese haben der westlichen Öffentlichkeit mit Erfolg ein Bild des Islam als "unaufgeklärte" und gewalttätige Religion vermittelt. Niemanden sollte es deshalb verwundern, daß vielfältigste Ängste bestehen und Wissen über den Islam, das sich auf Fakten gründet, nur sehr eingeschränkt zu finden ist. Wenn Muslime und Christen in Zukunft gemeinsam vorurteilsfrei und friedlich zusammenleben wollen, muß hier eine Änderung eintreten: An die Stelle von theologischer und politischer Verteufelung, von Geschichtsklitterung und journalistischer Panikmache muß heute endlich die Besinnung auf das gemeinsame Erbe von Christen und Muslimen treten: der beiden Religionen gemeinsame Glaube an einen Gott und unsere gemeinsame Geschichte. Das schließt zugleich ein, bestehende Unterschiede sachlich und nüchtern herauszustellen.

Der Glaube an einen Gott

Islam, Christentum und Judentum ist gemeinsam, daß sie monotheistische Religionen sind: Ihr Inhalt ist der Glaube an einen einzigen Gott und die Ablehnung jeglicher anderen Gottheit. Alle drei Religionen werden auch als abrahamitische Religionen bezeichnet, da sie sich auf den Urvater Abraham zurückführen lassen.

Islam, Christentum und Judentum unterscheiden sich jedoch wesentlich in ihren zentralen Aussagen. Wesensmerkmal für das Judentum ist der Gedanke des Bündnisses Gottes mit seinem auserwählten Volk. Das Christentum wendet sich an die ganze Menschheit. Jesus Christus ist Mittler zwischen Gott und den Menschen. Als Sohn Gottes nimmt er die Sünden der ganzen Menschheit auf sich, um so dem einzelnen Menschen den Weg zur Erlösung möglich zu machen. Der Islam ist ebenfalls eine Botschaft für die gesamte Menschheit. Er erkennt Jesus als Propheten an, aber nicht als Sohn Gottes, denn Gott "... hat nicht gezeugt, und Er ist nicht gezeugt worden ..." (Sura 112). Damit erteilt der Islam zugleich eine Absage an die Botschaft der Dreieinigkeit. Jesus wird im Islam nicht als Mittler gesehen, da für den Islam kein Mittler zwischen Gott und Mensch notwendig ist. Da es im Islam keine Erbsünde gibt, geht der Islam davon aus, daß es keinen Opfertod Jesu gegeben hat, sondern daß an seiner Stelle eine "ihm ähnliche Gestalt" (Sura 4:157) erschien.

Die unterschiedlichen Inhalte der drei nacheinander verkündeten Religionen machen zunächst die grundlegenden psychologischen Konflikte deutlich, die bis heute viele Verständigungsschwierigkeiten zur Folge haben: Obwohl die Juden den Messias erwarteten, war es schwer zu glauben, daß Jesus eben dieser Messias war. Ebenso unglaublich war es für die junge christliche Gemeinde, die ihren Gott dafür liebte, daß er seinen eingeborenen Sohn geopfert hat, daß es auf einmal Menschen gab, die behaupteten: "Gott offenbarte sich noch ein letztes Mal."

Der Rückblick in die Geschichte zeigt, daß ernste theologische Differenzen ebenso wie ihre politische Instrumentalisierung zu vielen kriegerischen Auseinandersetzungen geführt haben. Dennoch sollten diese Unterschiede heute für uns kein unüberwindliches Hindernis für ein friedliches Zusammenleben darstellen.

Wir sollten uns die Erkenntnis der englischen Autorin Karen Armstrong zu eigen machen, die in ihrem Buch "Kreuzzüge" nachweist, daß alle drei Religionen in ihrer Geschichte unterschiedliche Phasen des friedlichen Zusammenlebens und der kriegerischen Bekämpfung gekannt haben, daß es aber keine ausschließlich kriegerische Grundvorstellung in einer dieser Religionen gibt: "Es sollte deshalb klar sein, daß die Verhaltensweise des heiligen Krieges, die sich in allen drei Religionen entwickelte, keine atavistische Blutlust oder irgendeine innewohnende Intoleranz offenbart."[25]

Diese Erkenntnis ist die Grundvoraussetzung für eine Verständigung zwischen den Menschen in der arabisch-islamischen und der westlichen Welt. Denn sie macht klar, daß Islam und Christentum zwar beide immer wieder von Herrschern mißbraucht wurden und es der Islam vielfach heute noch wird. Sie macht aber auch klar, daß diese Inanspruchnahme nichts mit der grundlegenden Botschaft beider Religionen zu tun hat. Nur wenn westliche Politiker diese Tatsache anerkennen, können sie Muslimen deutlich machen, daß die kritische Auseinandersetzung mit diktatorischen Regimen, die sich auf den Islam berufen, keine Kritik am Islam ist, sondern sich an die Vergewaltiger des Islam wendet. Nur vor diesem Hintergund kann besorgten Menschen im Westen verdeutlicht werden, daß Terroristen, die sich auf den Islam berufen, genauso wenig repräsentativ für den Islam sind, wie Bombenleger der IRA oder christliche libanesische Generäle für die Botschaft des Christentums.

Der politische Auftrag

Es kann sicher nicht Aufgabe der Politiker der CDU sein, in Zukunft auf allen Ebenen politisch-religiöse Aufklärungsarbeit zu leisten. Aber es ist durchaus denkbar, daß etwa die Konrad-Adenauer-Stiftung auf breitester Ebene Seminare zu diesem Thema veranstaltet und damit ihre Bildungsarbeit fortsetzt und intensiviert, die sie in den vergangenen Monaten bereits erfolgreich begonnen hat. Auch das Arbeitnehmer-Zentrum in Königswinter und der Evangelische Arbeitskreis sollten ihre Informationsveranstaltungen zu diesem Themenkreis weiterführen!

Insbesondere ist eine Einbeziehung von Informationen über den Islam in die Seminare zur Kommunalpolitik notwendig. Nur so können kommunale Mandatsträger mit Informations- und Argumentationsmaterial versorgt werden, damit sie für Debatten gewappnet sind, wenn es vor Ort z. B. um die Baugenehmigung für einen Moscheebau geht. Denn eines ist klar: Die grundgesetzlich garantierte freie Religionsausübung wird schleichend ausgehöhlt, wenn kommunale Entscheidungsträger den Bau von Gebetsstätten für Muslime mit dem pauschalen Hinweis auf die Gefahr "fundamentalistischer Umtriebe" verhindern.

Die gemeinsame Geschichte

Drei Kategorien von Geschichtsschreibung bestimmen das Bild der arabisch-islamischen Welt im Westen:

- vorurteilsbeladene Falschmeldungen,
- das totale Verschweigen und, in Ausnahmefällen,
- die sachgemäße Darstellung der tatsächlichen Leistungen der Araber.

Zum Thema Falschmeldung nur ein Beispiel:

"Eine offenbar unausrottbare Geschichtsfälschung, die trotz wiederholter Entlarvung noch vor einem Jahr (1989) von einer großen Tageszeitung erneuert wurde, lautet: Als auf seinen stürmischen Eroberungszügen das Heer der arabischen Glaubenskämpfer unter der Führung ihres Feldherrn Amr ibn Al-As Ägypten eroberte und in Alexandrien einzog, ließ er die alte Bibliothek des "Museion" mit 700 000 Schriftrollen verheizen und vernichtete die kostbarsten Wissensschätze der Menschheit aus der griechischen Antike."[26]

Statt dessen, so Sigrid Hunke, setzte die planmäßige Zerstörung der Bibliothek bereits im dritten Jahrhundert unter Kaiser Caracalla ein, und als die Araber 642 in Alexandrien einzogen, gab es längst keine antiken Bibliotheken mehr.

"Wir reden Lateinisch, wir reden Griechisch, wenn wir reden. Davon zeugen die verbalen Partikel, mit deren Hilfe wir uns unentwegt verständigen ... Ob Eucharistie oder Mysterium, ob Philosophie oder Religion, ob Tragödie oder Idee, ob Ontologie oder Charisma oder Entelechie, ob Katharsis, Epos oder Musik, ob Molekül oder Atom oder Idee oder Eros - wohin wir auch denken, es klingt griechisches Echo zurück oder lateinisches, und wir nehmen es als selbstverständlich, das heißt durch sich selbst verständlich hin."[27]

Die ganze Wahrheit des Ursprungs unserer Sprache ergibt sich jedoch erst, wenn wir uns auch unseres arabischen Erbes bewußt werden. So fragt z. B. Hunke in ihrem Buch "Allahs Sonne über dem Abendland/Unser arabisches Erbe":

"Ist Ihnen bewußt, wenn Sie dort drüben die Apotheke betreten oder hier die Drogerie, daß Sie arabische "Erfindungen" vor sich haben? Schon die Drogenhandlung verrät es und ein Blick auf die Kästen und Gläser, die Muskat, Zimt, Ingwer, Kümmel, Estragon, Safran, Kampfer, Benzin, Alkali, Natron, Soda, Borax, Sacharin, Ambra und viele andere arabische Drogen enthalten, die Sie täglich im Haushalt verwenden."[28]

Doch nicht nur die Gegenstände des alltäglichen Lebens tragen arabische Namen: Grundbegriffe der Mathematik wie "Algebra" und "Algorithmus" sind arabischen Ursprungs.

Typisch ist ebenfalls der große Sprung, den Heinz Friedrich in seinem Artikel macht: Von den Griechen und Römern springt er sofort in die Neuzeit, kein Wort von der großen geschichtlichen Leistung der arabischen Völker.

"Und es erscheint in diesem historischen Licht gar nicht mehr so verwunderlich, daß in der Ikonographie christlicher Kirchen des Abendlandes, zum Beispiel auch in der Apsis des Doms zu Trier, Vergil als

"Vater des Abendlandes" inmitten der Heiligen auftaucht - zum Zeichen der Übereinstimmung im Hinblick auf die globale Friedensproklamation der beiden Kulturkreise, des römisch-antiken und des christlich-abendländischen ...
Doch wir brauchen gar nicht soweit zurückzugreifen. Auch unser Jahrhundert bietet Kultureinsichten übernationaler Art gottlob genug."[29]

Albert Hourani schreibt dazu:

"Eigentlich wurde die ganze griechische Kultur der Zeit, so wie sie in den Schulen bewahrt worden war, in diese ausgeweitete (arabische) Sprache assimiliert ... Was immer ihre Ursprünge, Wissenschaft wurde ohne Schwierigkeiten akzeptiert in der Kultur und Gesellschaft, die sich auf Arabisch ausdrückte."[30]

Und kurz zusammengefaßt heißt es in dem Buch "Die Welt des Islam":

"Die muslimischen Gelehrten taten viel, um das Erbe der Antike zu erhalten und zu erschließen. Und sie fügten dem Überkommenen Wesentliches hinzu, in der Mathematik, der Astronomie, der Geographie, der Medizin, der Geschichtswissenschaft, der Philosophie und auf vielen anderen Gebieten.
Hervorstechend war - ein Vergleich zur europäischen Renaissance drängt sich auf - die Universalität vieler Gelehrter. Al-Kindi (um 800-873), in Basra geboren, verfaßte 23 Bücher über die Geometrie und 32 über Astrologie und Astronomie. Ferner widmete er der Musik, der Optik, der Medizin, der Meteorologie, der Politik und der Psychologie Abhandlungen. Der aus

Buchara stammende Ibn Sina (980-1037), in Europa unter dem Namen Avicenna bekannt, galt als "Fürst" der Ärzte wie der Philosophen. In seinen medizinischen Abhandlungen erörterte er eingehend Diagnose und Therapie der zu seiner Zeit bekannten Erkrankungen. Muhammad ibn Ruschd (1126-1198), von den Europäern Averroes genannt, von Beruf Richter, befaßte sich gleichfalls mit Medizin und Philosophie. Er war dem Aristoteles stark verpflichtet."[31]

Der politische Auftrag

Es muß die Aufgabe unserer Bildungspolitiker sein, dafür zu sorgen, daß Schüler und Studenten die Möglichkeit erhalten, sich ein an Tatsachen orientiertes Bild über die Geschichte der arabischen Welt zu machen. Dazu hat das islamische Institut Köln gute Vorarbeit geleistet: In einem mehrbändigen Werk hat es das Bild des Islam in deutschen Schulbüchern analysiert. Die Bildungsminister sollten die dort erarbeiteten Kenntnisse als Grundlage für neue und die Überarbeitung alter Schulbücher nehmen. Ebenso ist an eine gemeinsame deutsch-arabische Schulbuchkonferenz zu denken, die nach dem deutsch-polnischen Modell Schulbuchtexte gemeinsam erarbeitet oder abstimmt.

Die Menschenrechte

Neben der gemeinsamen religiösen Wurzel und unserer gemeinsamen Geschichte ist die gemeinsame Verpflichtung auf die Menschenrechte eine weitere zentrale Grundlage des friedlichen Zusammenlebens. Zur Bedeutung der Menschenrechte schreibt Ludger Kühnhardt:

"Mit der 'Allgemeinen Erklärung der Menschenrechte' vom 10. Dezember 1948 - angenommen durch die Vereinten Nationen bei Stimmenthaltung der Sowjetunion, Polens, der Tschechoslowakei, der Ukrainischen Sowjetrepublik, der Weißrussischen Sowjetrepublik, Südafrikas, Jugoslawiens sowie Saudi-Arabiens und bis heute von nahezu allen Mitgliedstaaten der Weltorganisation unterzeichnet - sollte der Gedanke der Menschenrechte einen klaren, universell gültigen Ausdruck finden."[32]

Viele Muslime sind gegenüber dem Begriff - nicht dem verpflichtenden Inhalt (!) - universell geltender Menschenrechte skeptisch. Diese Skepsis hat ihren Ursprung sowohl in politischen Erfahrungen (z. B. des Kolonialismus) als auch in religiöser Überzeugung.
Die Formulierung der Menschenrechte im westlichen Kulturkreis fand ihren Ursprung in der Auflehnung gegen eine allmächtige Kirche und gegen autokratisch regierende Despoten. Unter Berufung auf die Gleichheit aller Menschen vor Gott sind die Menschenrechte Abwehrrechte gegen Unrechtsregime kirchlicher oder weltlicher Begründung. Zusammen mit dem Gedanken der "Volkssouveränität" sind sie die Grundlage für das, was wir Demokratie nennen.
Schon diese Herkunft des Begriffes Menschenrechte wie auch sein begrifflicher Beiklang läßt zwischen

Muslimen und christlichen oder säkularisierten "Demokraten" sprachliche Probleme entstehen: Da der Qur'an das für alle Muslime geltende Gesetzbuch Gottes ist, waren vom ersten Tag an Herrscher ebenso wie Beherrschte an diese Gesetze gebunden. Es ist nicht zu leugnen, daß es in der islamisch-arabischen Geschichte Unrechtsregime gab und auch heute noch gibt. Aber Willkürherrschaft war und ist nach dem Qur'an ein Bruch dieser Gesetze! Die Unterdrückten mußten deshalb zu ihrer eigenen Befreiung die Menschenrechte unter Berufung auf Gott nicht erst formulieren. Sie mußten nur für die Rückkehr zu den Fundamenten der Religion sorgen, sprich: für ein Ende des Unrechtsregimes. (Insofern ist auch das Wort "Fundamentalismus", das immer wieder als Schreckgespenst eingesetzt wird, mißverständlich, da es eigentlich die Rückkehr zu den unverfälschten Grundlagen der Religion bedeutet, wie sie auch im Bereich des Christentums von Martin Luther verstanden wurde.) Hinzu kommt, daß es in der Welt des Islam - zumindest in der sunnitischen, ca. 90% der Gläubigen umfassenden Ausprägung - keine Kirche als Institution gab und damit auch ein Aufstand gegen eine politisch amtsanmaßende Kirche keine Begründung fand.

Aus der geschichtlichen Herkunft des Begriffes Menschenrechte verstehen viele Muslime diesen Begriff als eine Aufforderung zu allgemeiner Auflehnung und damit auch zu unzulässiger Auflehnung gegenüber Gott und der göttlichen Ordnung. Da Gott der einzige Souverän ist, stellt auch der Begriff Volkssouveränität für Muslime im extremsten Fall eine Gotteslästerung dar.

Die politische Aufgabe

Es muß der politische Auftrag der CDU sein, die Grundlagen für eine Verständigung über den Begriff der Menschenrechte als Fundament unseres Zusammenlebens zu legen. Gemeinsame Kongresse mit Vertretern der CDU und islamischen Wissenschaftlern müssen dazu beitragen, die bestehenden terminologischen Probleme aufzuarbeiten. Dabei gilt es für beide Seiten, zu lernen:

Muslime müssen erkennen, daß der im Westen formulierte Begriff der Menschenrechte keine Auflehnung gegen Gott bedeutet. Denn gerade die Formulierung der amerikanischen Unabhängigkeitserklärung, daß alle Menschen "gleich geschaffen sind und daß sie von ihrem Schöpfer mit gleichen, unabänderlichen Rechten ausgestattet sind", stellt ja den Bezug zu Gott her. Und der Bezug zu Gott ist die einzige Begründung für diese Gleichheit. Muslime müssen ebenfalls verstehen, daß der Begriff der Volkssouveränität keine schrankenlose, gottlose Freiheit begründet, sondern die Freiheit ihre Beschränkung in den Menschen-, bzw. Grundrechten, wie sie in den Verfassungen westlicher Staaten niedergelegt sind, findet.

Der Westen muß erkennen, daß die wesentlichen in vielen Jahrhunderten im Westen errungenen Freiheiten bereits im Qur'an angelegt sind.[33] Neben die Freiheiten treten im islamischen Leben allerdings auch eine Reihe von Pflichten gegenüber Gott und der Gemeinschaft, die die Grundlage zu einem intakten Sozialgefüge dar-

111

stellen, von dem die westlich-hedonistische Kultur einiges lernen könnte.

Der Westen muß bei seinem politischen Handeln ebenfalls erkennen: Es ist politisch unglaubwürdig, die Universalität der Menschenrechte zu behaupten und ihre Durchsetzung nur partiell zu betreiben. Viele Menschen in der arabisch-islamischen Welt fragen nach der Gültigkeit der Menschenrechte, wenn im Fall des Irak die Okkupation umgehend mit Waffengewalt rückgängig gemacht wird, im Fall von Israel nicht. Und viele stellen sich die Frage nach der Bedeutung der Menschenrechte für die Bündnistreue des Westens: Gestern war Saddam der Verbündete, weil er gegen den Iran kämpfte, heute heißt der Verbündete Assad, weil er gegen Saddam hilft. Kein Mensch erwähnt, daß er gestern noch als Terroristen-Vater isoliert wurde und heute den Libanon praktisch annektiert hat.

In der Frage der Menschenrechte müssen die westliche und die arabisch-islamische Welt aufeinander zugehen. Durch eine eindeutige Haltung kann die westliche Welt dabei ihre Glaubwürdigkeit wesentlich verstärken und damit ihrem Ziel, der Universalität der Menschenrechte zum Durchbruch zu verhelfen, nur dienen.

Pakistanisches Tagebuch

Im Februar 1992 besuchte ich eine Woche lang eine befreundete Familie in Islamabad und Lahore. Ich hatte die Gelegenheit, islamischen Familienalltag kennenzulernen und viel über die Geschichte Pakistans zu erfahren. Mit einem "Pakistanischen Tagebuch" bedankte ich mich bei meinen Gastgebern.

Zwischen zwei Welten

Karachi Flughafen, zwei Uhr morgens. Der Lufthansa Jet ist gelandet und rollt langsam zum Terminal. Wie eine Raumkapsel hat er unsere europäische Umgebung in ein fremdes Land gebracht. Wir steigen aus und beginnen, auf das Gebäude zuzugehen, Licht fällt durch die Tür auf das Rollfeld, wir sind immer noch nicht angekommen ...

Wir betreten eine große Halle in dem alten Gebäude, bewegungslose Ventilatoren hängen von der Decke wie schlafende, schwarze Fledermäuse. Einreise und Zoll werden mit einem Lächeln erledigt und dann, als ich das Gebäude verlasse, beginnt das uralte Ritual: "Taxi Sir?" "Nein danke." "In die Stadt?" "Nein danke." "Zum Flughafen-Hotel?" "Nein danke." "Zum Terminal 2?" "Ja, aber ich nehme den Shuttle-Bus." "Jetzt gibt es aber keinen Shuttle-Bus ..." Inzwischen ist mein Gepäck bereits von zahlreichen hilfsbereiten Händen umringt. "Wieviel?" "Wie du willst." Ich gebe auf.

Die ganze Gruppe bringt mich zu einem Auto - kein Taxi - auf dem hinteren Ende des Parkplatzes. Die Kofferträger erhalten ihr Trinkgeld, ich setze mich in den Wagen, und fünf junge Männer beginnen zu schieben, bis der Motor mit einem Knall zu laufen beginnt. Im Augenblick, in dem wir losfahren, verkündet der Fahrer den Preis, der viel zu hoch ist, und während der restlichen Fahrtzeit befinden wir uns in dem zeitlosen Ritual, den richtigen Preis auszuhandeln: Für den Rest der Fahrt bedeutet: um die Ecke des Parkplatzes, an einem Gebäude vorbei und wieder zurück, denn der Eingang von Terminal 2 ist nur ungefähr dreihundert Meter vom Ausgang des Terminals 1 entfernt. Ich zahle, nehme das Angebot, meinen Koffer drei Stufen hochzutragen, nicht an, wir schütteln die Hände und lächeln.

Ich setze mich im Terminal für inländische Abflüge hin, es ist ungefähr drei Uhr dreißig in der Frühe, eine mächtige alte Klimaanlage bläst warme Luft über unsere Köpfe, und ich bin nun fast das einzige westliche Gesicht zwischen wild aussehenden Männern, die direkt von den Schlachtfeldern Afghanistans gekommen zu sein scheinen. Wenig später schlurft ein alter Mann langsam von Fernseher zu Fernseher, stellt ihn an, so daß jeder dem Gebetsruf folgen kann. Die Männer beginnen, sich in die eine Ecke der Halle zu bewegen, die als Gebetsplatz bestimmt ist. Ich wasche mich und schließe mich ihnen an, um zu beten. Ich weiß: Jetzt bin ich angekommen!

Der allerehrenwerteste Gast

Mohammed ist zum Flughafen in Islamabad gekommen und heißt mich mit einer festen Umarmung willkommen! Nach einer kurzen Fahrt erreichen wir sein Haus, wo die ganze Familie auf mich wartet. Es ist, als hätten wir gestern voneinander Abschied genommen und nicht vor zwei Jahren in Bonn. Ich fühle mich sofort zu Hause! Ich packe alle meine kleinen Geschenke aus, die ich von unseren Freunden mitgebracht habe, dusche und erhalte mein erstes Essen pakistanischer Köstlichkeiten.

Nachmittags fahren Mohammed und seine Frau Iffat mit mir zu einem Restaurant auf halber Höhe der Margalla-Berge, die sich hinter ihrem Haus erheben. Von dort haben wir einen ungehinderten Ausblick über ganz Islamabad. Am Eingang erhalte ich meine erste Lektion über den Geist grenzenloser pakistanischer Gastfreundschaft. Ich bemerke ein Zeichen "An unsere allerehrenwertesten Gäste ...". Im Spaß frage ich: "Aber was ist, wenn der Gast nicht allerehrenwertest ist?" Mohammed und Iffat schauen mich völlig erstarrt an, und dann sagt Iffat: "Aber natürlich ist *jeder* Gast immer allerehrenwertest, etwas anderes kommt überhaupt nicht in Frage!"

Die Geschichte des Khan

Am Tag darauf sind wir zum Tee bei Iffats Bruder eingeladen. Während unserer Unterhaltung wendet er sich an Mohammed und fragt ihn, ob er mich am nächsten Tag zum Abendessen einladen dürfe. An mich gewandt, sagt er lächelnd: "Weißt Du, wir haben ganz besondere Vorstellungen von Gastfreundschaft: Da Du der Gast meines Schwagers bist, muß ich ihn zuerst fragen." Und um mir die Regeln der Gastfreundschaft noch besser zu erklären, erzählt er eine kleine Geschichte.

"Vor langer, langer Zeit erreichte ein Pilger ein weit abgelegenes Dorf zur Zeit des Abendgebetes. Er schloß sich den Dorfbewohnern an und betete mit ihnen in der Moschee. Einer der Männer, der ihn als Fremden erkannt hatte, fragte ihn, ob er einen weiten Weg hinter sich habe und ob er hungrig sei und etwas zu essen haben wolle. Der Fremde antwortete glücklich 'ja, Bruder', denn er war den ganzen Tag gewandert und in der Tat sehr hungrig. Nachdem der Mann aus dem Dorf eine Weile gegangen war, um Essen zu holen, betrat ein anderer Dorfbewohner die Moschee, betete, sah den Fremden und fragte ihn ebenfalls, ob er ihm etwas zu essen bringen sollte und brachte es nach wenigen Minuten, da er ganz in der Nähe wohnte.

Nachdem der Fremde halbwegs aufgegessen hatte, erschien der erste Mann wieder, der weit weg wohnte, mit köstlichem Essen. Als er den Fremden essen sah, hielt er inne und rief: 'Wie kannst Du meine Gastfreundschaft verraten und das Mahl eines anderen essen, nachdem Du meine Einladung angenommen hast! Wenn Du die Moschee verlassen wirst, werde ich Dich töten.' Verzweifelt wandte sich der Fremde an seinen zweiten Gastgeber: 'Bruder, kannst Du mir nicht bitte helfen und mich davor bewahren, getötet zu werden?' Langsam schüttelte der Mann sein Haupt und sagte: 'Es tut mir leid, aber ich wußte ja nicht, daß Du schon eingeladen bist. Nein, ich glaube, ich kann nichts tun, um Dir zu helfen. Wenn Du die Moschee verläßt, wirst Du getötet werden. Aber ich verspreche Dir, Bruder, ich werde Deinen Tod rächen an den nächsten einhundert Gästen des Mannes, der Dich getötet hat'."

Das Haus, das Mohammed baut

Eines Tages nimmt mich Mohammed zum Bauplatz seines neuen Hauses mit. Es ist fast fertig, und während einige Männer die Badezimmer kacheln, bauen andere Regale in die Wandschränke. Mohammed geht mit mir in den Garten, wo die Reste eines riesigen Baumstammes liegen. "Weißt Du", sagt er, "ich wollte mir gerne das Holz für mein Haus selber aussuchen. Darum sind wir nach Norden in die Berge gefahren und mit der Hilfe einiger Freunde konnte ich mir genau das Holz aussuchen und kaufen, das ich haben wollte und den Stamm dann hierherfahren lassen." Da ich aus einer Welt komme, in der alles vorgefertigt ist, fand ich es herrlich, daß Mohammed sich sogar das Holz für sein Haus selber aussuchen und dann alles nach seinen Wünschen bauen lassen konnte.

In einem anderen Teil des Gartens liegen noch die Formen für die Dachziegel, die ebenfalls auf der Baustelle hergestellt wurden. Ich stellte mir vor, wie schön es sein muß, in einem Haus zu leben, das wirklich ein "eigenes" Haus im wahrsten Sinne des Wortes ist und darin selbstgekochtes Essen zu essen, ganz gleich wie einfach oder raffiniert, das jeden Tag frisch gemacht wird und nicht aus Dosen und Tüten kommt. Natürlich: Iffat hat zwei Köche für diese Arbeit, aber die Frage sei erlaubt, was humaneres Arbeiten ist: das in einer Familie oder das in einer Konservenfabrik?

Die Shah Faisal Moschee

Ein Wintergewitter zieht über Islamabad. Es gießt. Lange, schlanke Gestalten, durch umgehängte Wolltücher so gut wie gar nicht gegen den Regen geschützt, ziehen am Haus vorbei. Ich muß an die Flüchtlinge aus Afghanistan denken, die in ihren Zelten in den nahegelegenen Parks wohnen.

Es ist Freitag und wir hatten uns vorgenommen, zum Freitagsgebet in die Shah Faisal Moschee zu gehen. Gerade rechtzeitig zum Gebet hört der Regen auf, und heller Sonnenschein fällt auf die frischgewaschene Stadt. Die Moschee sieht von Ferne aus wie eine Festung, eine Raumstation, bereit, Erdmenschen in die Umlaufbahn zu schicken. Je näher wir kommen, desto mehr Details sind zu erkennen. Aber erst nachdem wir sie betreten haben, sehen wir ihre wirkliche Schönheit: Das riesige Dach, das über einer Kuppel aus Licht schwebt, Licht, das durch farbige Fenster fällt, den pastellfarbenen Teppich und die Marmorornamente. Nichts ist so üppig, wie ich es aus barocken Kirchen kenne - nur die einfache Schönheit, die hilft, sich ganz auf das Gebet zu konzentrieren.

Die Shah Faisal Moschee ist wie ein Symbol des Islam für mich: Für die Menschen draußen nicht erkennbar, öffnet sie ihre spirituelle Stille nur für diejenigen, die sie betreten und mit ihren Brüdern in einer Reihe zum Gebet stehen.

Drachen fliegen lassen

Mohammed nimmt mich nach Lahore mit, um dort die Familie seiner Schwägerin zu besuchen und um diese faszinierende Stadt anzusehen. Wir kommen dort einen Tag nach dem Basant-Drachenflug-Festival an. Immer noch sind an jeder Ecke viele Kinder, junge und alte Männer, die ihre Drachen fliegen lassen. Die Luft ist voller kleiner bunter Quadrate! Jeder versucht mit seiner Drachenschnur, die mit Glasstaub beklebt ist, die Schnüre der Drachen der anderen zu durchtrennen. Überall drückt man mir eine Schnur in die Hand, denn der ausländische Gast soll natürlich auch seinen Spaß haben. Nachts sind wir zu einer Flutlicht-Drachenparty auf das Dach des Hauses einer befreundeten Familie eingeladen.

Auf dem Weg dorthin, hält Mohammeds Neffe Beni an einem kleinen Straßencafé. Wellen hellen Rauches von verbranntem Holz und Duftschwaden köstlicher Gerichte ziehen durch die Luft, tanzen zwischen den Ketten bunter Glühbirnen über den Köpfen lächelnder junger Männer, und wir trinken den besten Tee, den ich je trank: Heißer grüner Tee - nicht so bitter wie chinesischer - so lange gekocht, daß er fast wie eine Creme zu trinken ist, wird mit heißer Sahne gemischt. Dazu kommen kleingehackte Mandeln, Pistazien und Zucker. Wir kauen ein wenig von den Gewürzen und schlürfen dann den Tee dazu. Es schmeckt wie der beste Cocktail aus einer anderen Welt.

Später auf dem Dach gibt mir wieder jeder seinen Drachen in die Hand, damit ich die gegnerischen Drachen vom Haus gegenüber zum Abstürzen bringen kann, im Flutlicht tanzen die Drachen wie ziellos fliegende Motten, sie tanzen zum Rhythmus der Beatmusik, die die Nacht erfüllt. Ich fühle wieder das Glück des allerehrenwertesten Gastes!

Schnittpunkt der Weltgeschichte

In der Nähe von Islamabad hatten wir das Museum von Taxila besucht. Zum ersten Mal sah ich dort, wie sehr Pakistan am Schnittpunkt unterschiedlichster Kulturen liegt. Viele einmalige Ausstellungsstücke gaben Einblick in die vielschichtige Geschichte Pakistans. Ich war mir nie der Tatsache bewußt, daß zum Beispiel Alexander der Große bis zu dieser Region, die wir heute Pakistan nennen, gekommen war.

Aber erst als mich Beni in das unglaubliche Museum von Lahore mitnimmt, erkenne ich, daß das Zusammentreffen von Ost und West auch in den Kunstwerken erkennbar ist. Beni hat seine Videokamera mitgenommen und er fragt mich, was er für mich aufnehmen soll. Nach vielen interessanten Kunstwerken halte ich in einem Ausstellungssaal abrupt an und bitte ihn, die große Statue eines Buddha für mich aufzunehmen. Beni sieht mich überrascht an und ich erkläre ihm, warum diese

Statue so wichtig ist: Es ist der erste Buddha, der klar erkennbar griechische Gesichtszüge trägt. Was für ein atemberaubendes Zusammentreffen. Der traditionelle Fluß der Stoffbahnen östlicher Kleidung und das klassische griechische Profil, und ich frage mich, wie wenig wir eigentlich über den Austausch der Kulturen, die gegenseitige Befruchtung von Kultur, Philosophie und Gedanken doch wissen ...

Nach meiner Rückkehr nach Deutschland dachte ich, nun sei es Zeit, eines der klassischen Bücher eines Westmenschen über den Osten zu lesen: "Kim" von Rudyard Kipling. Ich war überglücklich, als ich auf den Abschnitt stieß, in dem er beschreibt, wie Kim mit einem alten Mann das Museum von Lahore, das er "Wunderhaus" nennt, besucht: "Kim klickte durch die Eingangssperre, der alte Mann folgte ihm und hielt überrascht inne. In der Eingangshalle standen die großen Gestalten griechisch-buddhistischer Skulpturen, die - wer weiß vor wie langer Zeit - von heute vergessenen Steinmetzen gestaltet wurden, deren Hände gekonnt die geheimnisvoll übermittelte griechische Atmosphäre spürten."[34]

Die Orangen von Lahore

Mohammed zeigt mir die Schönheiten Lahores, einer traumhaften Stadt mit südlichem Flair und endlosen baumumsäumten Alleen. Im goldenen Nachmittagslicht schlendern wir durch die Shalimar-Gärten. In der frischen Luft eines sonnigen Morgens beten wir am Grab des Herrschers Jahangir, weit vor den Toren der

Stadt. Ein halber Tag reicht nicht, die Wunder des Forts von Lahore zu besichtigen. Wir fahren zum Sonnenuntergang in den Jallo Park und schweben im roten Licht der Sonne, das durch die Staubschleier leuchtet, die von den Straßen aufsteigen. Ich sehe immer noch die unzähligen Menschen auf ihren Fahrrädern vor mir und den stillen Marsch der Männer, Frauen und Kinder, die auf den Gleisen der Eisenbahn in den Sonnenuntergang gehen.

Jeden Morgen gibt es frisch gepressten Orangensaft, und mir schmecken die Orangen der umliegenden Plantagen am besten. Eines Morgens fragt mich Mohammed, wie schwer mein Gepäck beim Hinflug war und nach meiner Antwort sagt er glücklich: "Fein, das heißt, daß Du mindestens zwanzig Kilo Orangen mit nach Deutschland nehmen kannst - für Dich und unsere Freunde." Ich habe wohl ziemlich verdutzt geschaut, doch gesagt, getan, beim nächsten Fruchtstand an der Straße halten wir, und Mohammed kauft fast alle Orangen auf, die es gibt.

Abends auf dem Weg nach Hause, halten wir an einem Schuhladen, wir trinken Tee, nichts passiert. Plötzlich verlassen wir den Laden und gehen in ein Kleidergeschäft um die Ecke. Mohammed hat verabredet, daß ich pakistanische Kleidung erhalte! Ich bin überrascht und überglücklich, denn ich hasse die Touristen, die sich bereits am ersten Tag ihres Aufenthaltes die Landestracht kaufen und dann für den Rest ihres Aufenthaltes "kostümiert" herumlaufen. Aber so ein Kleidungsstück von Mohammed zu erhalten, gibt mir ein ganz besonderes Gefühl. Es zeigt mir ein weiteres

Mal, was ich schon die ganze Zeit gespürt habe: Ich bin hier kein Fremder, ich bin zu Hause!

Am Tag meines Abflugs sitzen wir alle zusammen und ich erhalte immer mehr Geschenke: Meine Gastgeber aus Lahore schenken mir ein dickes Buch über das Leben und Wirken des Propheten Muhammad. Beni verschwindet und kommt nach einiger Zeit mit einem Lederportemonnaie, in das mein Name eingeprägt ist. Mohammed bringt Geschenke für unsere gemeinsamen deutschen Bekannten und meine Sekretärin, und ich erhalte einen großen Messingteller, in den der Schriftzug "Allah" gehämmert ist.

Es ist zu viel, um es wirklich zu glauben, ich bin glücklich und traurig zugleich. Und ich bin dankbar, daß ich durch meinen neuen Glauben die Gelegenheit hatte, in eine völlig neue Welt zu treten.

Zurück zur Erde

Da ich kein Dichter bin, möchte ich mein pakistanisches Tagebuch mit einem Zitat von Kipling beenden, das sehr gut umschreibt, was der Besuch in Pakistan für mich bedeutete:

"Ein leerer Karren stand auf einem Hügel, ungefähr eine halbe Meile weit weg, dahinter ein junger Banyanbaum - ein Aussichtspunkt über frischgepflügtem Land, seine (Kims) Augenlider badeten in der sanften Luft und wurden schwerer, während er sich dem Hügel näherte. Der Boden war guter, reiner Staub, kein Gras, das - auch wenn noch am Leben,

trotzdem schon halbtot ist, sondern der hoffnungs-
volle Staub, der die Saat alles Lebens in sich trägt. Er
fühlte ihn zwischen seinen Zehen, berührte ihn mit
seinen Handflächen und mit einem genüßlichen Seuf-
zer legte er sich der Länge nach in den Schatten des
hölzernen Karrens. Und Mutter Erde war so wahrhaf-
tig wie Sahiba. Sie atmete durch ihn, um sein inneres
Gleichgewicht wieder herzustellen, das er verloren
hatte, als er so lange auf dem Krankenbett lag, abge-
schnitten von ihren guten Strömungen. Sein Kopf lag
kraftlos auf ihrer Brust, seine geöffneten Hände
wehrten sich nicht gegen ihre Kraft. Der vielwurzlige
Baum über ihm und auch das tote, von Menschen be-
arbeitete Holz neben ihm wußten, was er suchte, ohne
es zu wissen."[35]

Aus einer Plastikwelt gekommen, wo alles vorfabriziert
ist, Menschen sich in Eile treffen, Freunde selten sind,
brachte mir mein Aufenthalt bei meinen Brüdern und
Schwestern in Pakistan ein Gefühl, ähnlich wie es Kim
hatte: Nach einer langen Reise war ich an einem Punkt
der Ruhe angekommen und hatte neue Energie erhalten, auf dem und aus dem Boden des Islam.

Los Angeles brennt -
ist der amerikanische Traum verglüht?

Im April 1992 wurde ich in Los Angeles Zeuge, wie innerhalb weniger Stunden das dünne Eis der Zivilisation, das uns vom Chaos trennt, zerbrach: Die individuelle Gewalt des Straßenalltags entlud sich nach dem Freispruch von vier weißen Polizisten, die einen Schwarzen fast zu Tode geprügelt hatten, zu einem kollektiven Ausbruch gewalttätiger Aggression. Der Traum einer multikulturellen Metropole, in der Menschen aller Herren Länder unter südlicher Sonne friedlich miteinander leben, schlug um in einen Alptraum aus Schüssen, Feuer, Mord und Totschlag. In einem Apartment zwischen Western Avenue und Vermont wohnte ich genau zwischen den Fronten und konnte abends vom Dach des Hauses den Feuerschein brennender Läden vor mir, hinter mir und neben mir sehen. Meine Eindrücke hielt ich in der folgenden Skizze fest:

Die Zeichen stehen auf Sturm am Abend des 29. April 1992 in Los Angeles: Eine Horde von Demonstranten hindert uns plötzlich am Weiterfahren. Wenig später steigt uns beißender Brandgeruch in die Nase. Hubschrauber sausen im Tiefflug durcheinander wie wütende Hornissen. Ein Auto mit Suchscheinwerfern jagt eine Gruppe flüchtender Jugendlicher.

Eindeutige Signale in der Unübersichtlichkeit einer Stadtlandschaft in der Dämmerung. Doch erst die atemlose, aktuelle Berichterstattung des Fernsehens fügt die einzelnen Puzzlesteine zu einer unglaublichen

Realität zusammen: Eine Stadt beginnt, ungehindert zu brennen.

Einseitige und undistanzierte Berichterstattung wird dem Fernsehen später vorgeworfen. Doch die Realität ist einseitig: Die Polizei läßt sich nicht blicken, die Ordnungsmacht tritt nicht in Erscheinung. Wie wir später erfahren, sind nachmittags 1000 Polizisten nach Hause geschickt worden - um Überstunden zu sparen. Dabei war klar, daß das Urteil über die vier Polizisten stündlich fällig war. Der Polizeichef ist verschwunden: Er wirbt vor wohlhabenden Bürgern für die Verhinderung der anstehenden Polizeireform. Die Bilder signalisieren: Die Stadt gehört Euch, das Gesetz ist ausgesetzt.

Später gibt es drei Erklärungsversuche: 1) Die Polizei war ungenügend vorbereitet und vom Zeitpunkt des Freispruches überrascht. 2) Den Bürgern in den USA sollte vorgeführt werden, was geschieht, wenn die "Schwarzen" außer Kontrolle geraten. 3) Es sollte vermieden werden, durch ein zu starkes Polizeiaufgebot die Konfrontation zu schüren. Welche Erklärung man auch gelten lassen mag, keine dieser Annahmen trägt dazu bei, zukünftiges Vertrauen in die Ordnungsmacht zu stärken.[36]

Der Freispruch

Mangelnde Erfahrung mit den Lebens- und Arbeitsbedingungen der African Americans, der weißen Unter- und Mittelschicht und der Polizei, die Unvertrautheit mit der Prozeßführung eines Geschworenengerichtes hindern den deutschen Besucher, vorschnell von Unterdrückung und Rassenjustiz zu sprechen. Aber nicht nur für einen Außenstehenden ist es schwer verständlich, daß vier weiße Polizisten, die in 81 Sekunden 56 Schläge mit eisenverstärkten Stöcken auf einen schwarzen Verkehrssünder niedersausen lassen, vom Vorwurf des Angriffs mit einer tödlichen Waffe freigesprochen werden; ja daß ihnen sogar die korrekte Ausführung ihres Amtes bescheinigt wird.

Fröhliches Plündern

Was im ersten Moment der Ausbruch ohnmächtiger Wut und blinder Gewalt junger African Americans war, breitete sich schnell aus zu einer rassenübergreifenden, stellenweise fröhlichen volksfestähnlichen Plünderungsorgie: Weiße, Latinos und African Americans (vereinzelt auch Asiaten) räumen ohne Unterschied die Läden von Weißen, Mexikanern, Koreanern und African Americans aus: Nach einer halbstündigen Irrfahrt finden wir am zweiten Tag des Aufstandes endlich eine offene Tankstelle. Während neben uns Mütter und junge Männer volltanken, plündern ihre Kinder und jungen Frauen unter dem Beifall der Zuschauer ungehindert ein Bekleidungsgeschäft gegenüber. Gemeinsam verlassen sie die Tankstelle mit quietschenden Reifen.

Der Rassenkonflikt weitete sich aus zu einem Klassenkonflikt zwischen Besitzlosen und jenen, die im Verlauf einer Generation in Tages- und Nachtschichten den ersten Schritt zur Selbständigkeit hinter sich gebracht hatten.

127

Ein Traum ist zerbrochen

Heute: Polizei, Nationalgarde und Bundestruppen haben wieder für Ruhe gesorgt. Die Feuer sind gelöscht, die Rauchschwaden verzogen, schwarze Ruinen säumen ganze Straßenzüge: Das Traumbild einer Sonnenstadt am Pazifik, bis dahin höchstens durch Smogschwaden getrübt, die Vision einer Wachstumsgesellschaft, deren Bürger verbriefte Rechte auf die Jagd nach Glückseligkeit haben, zerbrach im Lärm berstender Fensterscheiben, verglühte im Orkan meterhoher Flammen und erstickte im ätzenden schwarzen Qualm hunderter vorsätzlich gelegter Feuer.

Die sehr nüchterne und ernüchternde Bilanz einer jungen koreanischen Rechtsanwältin in einer Talkshow (koreanische Läden waren Hauptopfer der Plünderungen) zeigt schlaglichtartig die totale Desillusionierung, die - auch gegenüber Regierungsinstitutionen - eingetreten ist: Der Schaden durch Diebstahl und Brandstiftung sei auch nicht größer als der Milliardenschaden, der im gerade aufgedeckten amerikanischen Bausparkassenskandal durch Betrügereien und Mißmanagement entstanden ist. Einziger Unterschied: Die Regierung und damit der Steuerzahler seien für diesen Schaden aufgekommen. Ob und inwieweit Regierungsinstitutionen in Stadt, Land und Bund jetzt beim Wiederaufbau helfen werden, ist zur Zeit unbestimmt.

Sicher ist aber eines: Geld allein wird nicht ausreichen! Die große Frage heißt: Kann eine Gesellschaft, deren zentraler, in hunderten von Western kultivierter Mythos der Kampf des Gesetzes gegen die Gesetzlosen ist - ein Kampf, in dem das Gesetz mit dem Colt durchgesetzt wird - die Kraft aufbringen, sich zu einer wirklich solidarischen Gesellschaft zu entwickeln? Einer Gesellschaft, in der der Schwache nicht sofort als Versager abgestempelt und als Krimineller angesehen wird, gegen den es sich mit Polizei- und Waffengewalt zu verteidigen gilt?

Zur Situation der Flüchtlinge in Kroatien und Slowenien

Im August 1992 organisierte ich für die International Islamic Relief Organization, die größte private islamische Hilfsorganisation der Welt, deren Direktor, Dr. Farid Kurashi, ich durch die Botschaft von Saudi-Arabien kennengelernt hatte, eine Reise mit jungen Ärzten aus Saudi-Arabien nach Zagreb und Ljubljana, um dort in einigen Flüchtlingslagern den Bedarf an medizinischen Gerätschaften und Arzneimitteln zu überprüfen.

Nach meiner Rückkehr gab ich mit dem Bonner CDU-Vorsitzenden eine Pressekonferenz, in der ich mit einem kurzen Bericht die Lage darstellte und zu verstärkter Hilfe aufrief:

Zagreb: Zwei Räume mit karger Möblierung: ein Industrieregal, ein alter Geschirrschrank, ein Schreibtisch und eine Liege. So sieht das Zimmer aus, in dem pro Tag etwa 100 Patienten von zwei Ärztinnen behandelt werden. Beide sind Flüchtlinge aus Bosnien-Herzegowina und bekommen keine Zulassung in Kroatien. Ohne Zulassung ist es schwer für sie, an Medikamente zu kommen. Trotzdem finden immer wieder Spenden den Weg zu ihnen.

Ljubljana: Die Versorgung mit Ärzten und Medikamenten ist hier nicht besser: Für ca. 60.000 Flüchtlinge in der Region gibt es sechs Ärzte.

Im Behandlungszimmer eines Flüchtlingslagers, das für 800 Menschen in einer ehemaligen Kaserne eingerichtet wurde, herrscht ebenfalls akuter Medizinmangel, medizinische Geräte gibt es so gut wie gar nicht.

Volle Lagerhäuser: Soweit man sehen kann, sind die Lagerhäuser voll, die Transporte rollen und bei der Essensausgabe in den Lagern wird mit einer Art Klassenbuch genau Buch geführt. Doch auch hier ist zu sehen, daß die Versorgung schnell zusammenbricht, wenn nicht dauernd Nachschub geliefert wird.

Zeltlager: Am Stadtrand von Split ein Zeltlager. Letzte Notunterkunft, nachdem alle Hotels, Baracken und Sporthallen belegt sind und keine Privatquartiere mehr vermittelt werden können. Die Hitze ist noch irgendwie erträglich, doch in wenigen Wochen wird die Temperatur unter null Grad fallen, was dann?

Helft den Menschen HIER! Große Dankbarkeit schlägt den Deutschen entgegen für die politische Unterstützung in den vergangenen Monaten. Dankbarkeit auch für die Bereitschaft, Flüchtlinge aufzunehmen.

"Helft uns hier im Land!" lautet jedoch der Wunsch aller Gesprächspartner. "Die Menschen gehören hierhin. Nur wenn sie hier bleiben, behalten sie die Beziehung zur alten Heimat."

Zagreb: "Nein, niemals!" Klar und bestimmt, aber mit fast tonloser Stimme antwortet das etwa vierzehnjährige bosnische Mädchen auf die Frage, ob es sich noch einmal ein Zusammenleben mit Serben vorstellen könnte. Vor ihren Augen wurde ihr Vater von den Nachbarn umgebracht. Mit anderen Kindern war sie eine Woche durch die Wälder geirrt, bevor sie aufgegriffen wurde.

Muslime helfen weltweit

Nicht nur Flüchtlinge, Vertriebene und Kriegsopfer im ehemaligen Jugoslawien erhalten Hilfe von Muslimen; weltweit spannt sich das Netz islamischer Hilfsleistungen. Zukunftsweisend sind dabei besonders Modelle christlich-islamischer bzw. deutsch-arabischer Zusammenarbeit, die sich in den vergangenen anderthalb Jahren entwickelt haben.

Während mancher im Westen immer noch meint, der islamischen Welt mit mahnendem Zeigefinger vorhalten zu müssen, sie tue nicht genug für Bosnien-Herzegowina, und andere die Gefahr einer islamischen Intervention an die Wand malen, mit der die internationale islamische Bewegung den Fuß in die europäische Tür bekommen könnte, haben Muslime in aller Welt eine einzigartige Lawine der Hilfsbereitschaft ausgelöst - besonders in Deutschland ist es dabei zu ganz neuen Modellen der Zusammenarbeit zwischen Muslimen und Christen gekommen.

Internationale islamische Hilfe

Eine vorläufige Bilanz allein der Hilfsleistungen aus Saudi-Arabien für Flüchtlinge und Vertriebene aus Bosnien-Herzegowina in Slowenien und Kroatien ist beeindruckend: Die International Islamic Relief Organization (IIRO), die größte private islamische Hilforganisation der Welt, die von Jeddah aus in etwa 80 Ländern der Erde aktiv hilft, hat allein im November-Dezember 1992 rund 10 Millionen Dollar an Hilfsleistungen erbracht. Durch die Saudi High Commission wurden bis jetzt 100 Millionen DM an Spenden weitergegeben, 15 Millionen DM davon waren eine persönliche Spende von König Fahd. Bereits bevor in Kroatien eine eigene Infrastruktur zur Weiterleitung dieser Hilfsleistungen aufgebaut worden war, stellte die Regierung von Saudi-Arabien der deutschen GTZ 5 Millionen $ zur Verfügung. Heute erfolgt die Weiterleitung durch IIRO und Saudi High Commission in Zusammenarbeit mit der Deutschen Humanitären Hilfe in Zagreb, die von dem Diplomaten Claude Ellner geleitet wird.

Auch andere islamische Länder und Organisationen helfen auf großzügigste Weise: In einem gemeinsamen Büro in Zagreb koordinieren unterschiedliche islamische Hilfsorganisationen ihre Arbeit: Islamic Relief Great Britain, Organisationen aus den Vereinigten Arabischen Emiraten und Kuwait, zwei weitere private saudische Organisationen und ein ägyptisches Komitee. Von Deutschland aus ist besonders die Aktion "Muslime helfen" aktiv, die einen konstanten Strom von Hilfsleistungen organisiert.

Doch die islamische Hilfe beschränkt sich nicht nur auf Geld, Lebensmittel und Sachleistungen: Unüberblickbar ist inzwischen die Zahl der ehrenamtlichen Helfer sowohl in arabischen Ländern als auch in Deutschland und im Krisengebiet. Als ein hervorragendes Beispiel mag das IIRO-Büro in Ljubljana gelten: Hier hat sich eine islamische Internationale zusammengefunden: Studenten aus Algerien, Jemen, Somalia, Sudan, Syrien und Palästina koordinieren rund um die Uhr Hilfsleistungen für die Lager, deren Versorgung islamische Organisationen vertraglich übernommen haben.

Erste Schritte der Kooperation in Deutschland, Lennestadt 1991

Abdulkadir Hamdan, Moslem, Eriträer mit somalischer Staatsangehörigkeit, und Artur Tillman, praktizierender katholischer Christ, gründen 1991 einen Verein: "Ausländerberatungsstelle Lennestadt e.V.". Finanziell unterstützt von der International Islamic Relief Organization nimmt der Verein seine Tätigkeit auf: Beratung von Asylbewerbern bei ihrem Weg durch die Institutionen, Beschaffung von Pässen nach Ablehnung von Asylanträgen und "humane Rückführung" mit Hilfe von Tickets, deren Bezahlung die IIRO übernimmt. Hamdan: "Diese unglücklichen Menschen sollen nicht in Handschellen zurückgeschickt werden."

Ein gemeinsames Weihnachtsfest zwischen Christen und Muslimen ist ein erster Versuch, Grenzen der Verständigung zu überschreiten.

Der Beginn der Angriffe der Serben in Bosnien-Herzegowina bringt eine schnelle Ausweitung der Aufgaben der Ausländerberatungsstelle mit sich: Im April 1992 besuchen der Generaldirektor der IIRO, Dr. Farid Kurashi, und der Direktor der IIRO-Katastrophenabteilung, Dr. Abdullah Al Abdan, zum ersten Mal Kroatien. Die IIRO macht Lennestadt zu ihrem europäischen Hauptquartier, und zur Zeit verlassen jede Woche mehrere Lastwagen Lennestadt mit Hilfsgütern für die bedrohten Gebiete.

Zusammenarbeit IIRO und HELP, Bonn 1992

Die großen Flüchtlingsbewegungen und Katastrophen des Jahres 1992 führen zu einer Pionierleistung der Zusammenarbeit zwischen einer deutschen und einer islamischen Organisation: Die Organsiation HELP und die IIRO beginnen mit der Finanzierung und Durchführung gemeinsamer Projekte.

Bis zum Jahresende 1992 erbringen IIRO und HELP gemeinsame Hilfsleistungen im Wert von über 4 Millionen DM - davon rund 300.000 DM für Nahrungsmittel für bosnische Flüchtlinge, weitere Empfängerländer sind Bangladesch, Somalia und Kurdistan. Geplant für 1993 ist eine Ausweitung der gemeinsamen Leistungen auf rund 7 Millionen DM!

Im Dezember 1992 kommt es noch zu einer weiteren Kooperation ganz anderer Art: Mit Lastwagen der IIRO werden Spielsachen für Kinder, gesammelt von einer katholischen Organisation, nach Kiew gefahren.

Probleme der Kooperation

Diese ersten Schritte der Kooperation zum Wohle von Notleidenden fanden im islamischen wie im westlichen Bereich nicht nur spontane Zustimmung. Die Zusammenarbeit von Christen und Muslimen im Verein Ausländerberatungsstelle und die Tatsache, daß Muslime und Christen von islamischen Spenden versorgt werden, führte z. B. bei einigen Muslimen zu kritischen Fragen. Erst ein Brief des obersten islamischen Religionsgelehrten Saudi-Arabiens, Scheich Abdul Aziz bin

Baz, stellte klar, daß islamische Hilfe allen notleidenden Menschen zu Gute kommen müsse und schuf Klarheit und der IIRO einen freien Rücken.

Doch auch auf westlicher Seite gab es Probleme; HELP wurden 2000 t Lebensmittel, die von der EG für Somalia fest zugesagt waren, mit der Behauptung verwehrt, die Partnerorgansiation IIRO verteile in Somalia die Lebensmittel an religiöse Radikale, die nicht das Vertrauen der Bevölkerung hätten!

Der einzige Ausweg für die Zukunft:
Dialog und Kooperation!

Ereignisse wie diese zeigen, daß die christlich-islamische und die westlich-arabische Zusammenarbeit nicht ohne begleitende intensive Gesprächsbreitschaft geleistet werden kann. Die positiven Ergebnisse der Zusammenarbeit zeigen aber auch, daß sich der Einsatz zum Wohle der Menschen lohnt! Sie widerlegen eindrucksvoll die unglaubliche, in der Financial Times zitierte Forderung des kroatischen Präsidenten Tudjman, die westliche Welt solle Kroatien dankbar sein, daß es eine islamische Republik in Europa verhindere. Vielmehr wird der Staatsminister im Auswärtigen Amt, Helmut Schäfer, bestätigt, wenn er sagt: "Wir müssen uns von einem weitverbreiteten Zerrbild des Islam freimachen, das uns zur Kooperation mit unseren Nachbarn am Mittelmeer unfähig macht."

(Veröffentlicht in "Rheinischer Merkur", 2, 1993)

Standpunkt: Juden, Christen und ...?

Zum Entwurf des neuen CDU-Grundsatzprogramms

Es geschieht sicher nicht oft, daß eine Partei ein ganzes Kapitel ihrer Programmatik als erfolgreich abgeschlossen betrachten kann, wie es der CDU mit ihrer Forderung nach Wiederherstellung der deutschen Einheit geschah. Doch nicht nur die "Erledigung" dieses Abschnittes war der Grund, warum der Hamburger Parteitag 1990 die Überarbeitung des Grundsatzprogramms von 1978 in Auftrag gab: Es galt, ein gemeinsames Programm zu schreiben, in dem sich Menschen aus Ost und West wiedererkennen können, und das den Standort Deutschlands in der Welt und seine neuen Verantwortlichkeiten beschrieb.

Enttäuscht stellte ich nach der Veröffentlichung des Entwurfes fest, daß Muslime im gesamten Text überhaupt nicht vorkamen. Besonders ärgerlich fand ich diese Unterlassung, da ich bereits zu Beginn der Programmarbeit einer Reihe von Mitgliedern der Kommission geschrieben hatte und sie bat, doch den Gedanken der Gemeinsamkeit der drei monotheistischen Religionen aufzunehmen. Ich hätte allerdings gewarnt sein müssen: In einem Akt der innerparteilichen Diskussionsverweigerung erhielt ich von keinem einzigen Kommissionsmitglied auch nur eine Eingangsbestätigung meines Briefes, geschweige denn eine Antwort.

Ich schrieb deshalb einen kritischen Artikel in der Monatsschrift der Bonner CDU, verbunden mit der Forderung, dieses Defizit zu beheben. Und es freute mich, daß die Zeitung OKAZ im saudi-arabischen Jeddah diesen Artikel übersetzen ließ und veröffentlichte:

Der Entwurf für das erste neue gesamtdeutsche Grundsatzprogramm liegt vor. "Im Vergleich zur bisherigen Programmatik der CDU als christlich geprägter Volkspartei soll das 'C' stärker hervorgehoben werden. Zum ersten Mal befindet sich im Programm einer Partei auch eine ausführliche Stellungnahme zur Rolle und Bedeutung der Kirchen in unserer Gesellschaft." So der Vorsitzende der Grundsatzprogrammkommission, Reinhard Göhner (MdB). Der Entwurf enthält eine ausführliche Passage über das Verhältnis zwischen Juden und Christen. Darüber hinaus gibt es für die Grundsatzprogrammkommission jedoch nur noch undifferenziert "viele Menschen anderer Religionszugehörigkeit". Das stimmt nachdenklich!

Diese Einteilung, Juden und Christen einerseits und "viele Menschen anderer Religionszugehörigkeit" andererseits übersieht einen zentralen religions- und menschheitsgeschichtlichen Zusammenhang: Es gibt nicht zwei, sondern drei monotheistische Religionen, d. h. Religionen, deren Anhänger an einen einzigen Gott glauben: Judentum, Christentum und Islam. Hieraus leitet sich meine zentrale Forderung ab: Im Text des zukünftigen Grundsatzprogramms der CDU sollten erstens Judentum, Christentum und Islam gemeinsam erwähnt werden und zweitens der Zusammenhang der drei monotheistischen Religionen dargestellt werden - und zwar aus folgenden Gründen:

1. Wenn Einigkeit darüber besteht, daß es drei Offenbarungsreligionen gibt, die sich auf einen Gott berufen, ist nicht einzusehen, warum zwei davon im Grundsatzprogramm namentlich erwähnt werden und eine nicht.

2. Nicht nur Juden und Christen sind durch "unauflösliche Gemeinsamkeiten an Werten und Traditionen miteinander verbunden". Europa lebt von seiner gemeinsamen arabisch-westlichen, christlich-islamischen Geschichte - im friedlichen wie im kriegerischen Sinne: Andalusien und die Kreuzzüge, Karl der Große und die Türken vor Wien gehören zu unserem gemeinsamen kulturellen Erbe.

Unsere Kultur ist wesentlich bestimmt durch die arabisch-islamische Geschichte: Die westliche Renaissance ist erst durch die Überlieferung der alten Texte durch die Araber möglich geworden, unsere Rechenkünste sind ohne die Weitergabe der indischen Zahlen durch die Araber überhaupt nicht denkbar. Und schließlich beinhaltet unsere Sprache vielfältige arabische Elemente.

3. Es leben nicht nur rund 1,7 Millionen Muslime in Deutschland, davon rund 50.000 deutsche Staatsbürger, weltweit gibt es fast 1 Milliarde Muslime. Die Politik der CDU kann deshalb das Verhältnis zur internationalen islamischen Welt nicht undefiniert lassen. Dabei ist zu beachten, daß die islamische Welt weit über die arabische hinausgeht. Türkei, Iran, Pakistan und der südliche Rand der ehemaligen UdSSR gehören ebenso dazu wie der südostasiatische Raum. Da das Grundsatzprogramm nicht nur die Grundlage für die Innenpolitik,

sondern auch für die Außenpolitik sein sollte, kann allein der Gedanke der Gemeinsamkeit der drei monotheistischen Religionen das Fundament für zukünftige Kooperationen legen.

Zusammengenommen dürften damit genug Gründe gegeben sein, den Text des Grundsatzprogramms in dieser Hinsicht zu ergänzen.

Nach der Veröffentlichung dieses Artikels waren der Bonner CDU- Kreisvorsitzende und ich uns einig, daß wir auf dem Hamburger Parteitag im Februar 1994 den Antrag stellen würden, das Grundsatzprogramm zu ergänzen und den Gedanken der drei monotheistischen Religionen aufzunehmen. Es bereitete keine Schwierigkeiten, im Kreisvorstand und auf der Mitgliederversammlung der Bonner CDU eine Mehrheit für folgenden Antrag zu finden:

"Christen, Juden und Muslimen ist gemeinsam der Glaube an einen Gott. Ein großer Teil der Menschen anderer Nationalität, die durch ihre Arbeit zu unserem Wohlstand beitragen, sind Muslime. Muslime gibt es auch unter den deutschen Staatsbürgern. Wir erwarten von den Regierungen in aller Welt, daß sie in ihren Ländern Religionsfreiheit gewähren."

Als ich aus dem Kreis der Grundsatzprogrammkommission Zeichen erhielt, daß diese Aussagen in den Text des Programms eingearbeitet worden seien, schien unser Ziel erreicht. Um so enttäuschter war ich, als ich erfuhr, daß auf ausdrücklichen Wunsch des Vorsitzenden der Kommission, Herrn Göhner, diese Aussagen wieder gestrichen wurden! Eingang in das Programm fand nur der letzte Satz, der von ausländischen Regierungen Religionsfreiheit fordert.

Selbstkritisch fragte ich mich, was ich eigentlich erwartet hatte. War es nicht von vornherein eine Illusion, auf Aufgeklärtheit und Toleranz zu bauen und davon auszugehen, daß der vielbeschworene Gedanke von den drei monotheistischen Religionen und von der Freiheit der Religionsausübung, die für mich auch eine Gleichstellung und Gleichbehandlung der Religionen beinhaltete, tatsächlich Grundlage politischen Handelns sei? Es fiel mir sehr schwer, in der CDU weiterhin meine politische Heimat zu sehen, aber dann sagte ich mir, daß Dialog und Verständigung nicht dadurch entsteht, daß man sich aus dem Weg geht. Es geht, wie Warnfried Dettling, der 1974 bis 1976 als Leiter der Planungsgruppe der CDU-Bundesgeschäftsstelle mein Chef war, richtig schreibt, darum, daß die CDU ihr politisches Selbstverständnis neu beschreiben muß:

"... es ist erstaunlich, daß sich die CDU nie, auch nicht im Entwurf zum neuen Grundsatzprogramm, mit dem elementaren Sachverhalt auseinandergesetzt hat, daß sie als christlich-demokratische Union in einer zunehmend nichtchristlichen Gesellschaft agiert. Sie weiß keine Antwort auf die Frage, wie sie mit den Mitgliedern der drittgrößten Religionsgemeinschaft in Deutschland, den Angehörigen des Islam umgehen will. Eine politische 'Union' zwischen Christen und Muselmanen mutet der Mehrheits-CDU wohl etwas fremdartig an. Aber im Bismarck-Reich und in der

Weimarer Republik war eine christlich-demokratische Union zwischen Protestanten und Katholiken auch noch eine utopische Idee. Die CDU wird nicht daran vorbeikommen, ihr politisches Selbstverständnis in einer säkularen Gesellschaft, in der die Christen insgesamt in einer Diaspora-Situation leben, neu zu bestimmen."[37]

Islam und westliche Aufklärung
- eine Analyse

Im April 1993 wurde ich von der Redaktion der Monatsschrift "Evangelische Verantwortung", die vom Evangelischen Arbeitskreises der CDU/CSU herausgegeben wird, gebeten, einen Artikel zum Thema Islam zu schreiben. Ich entschied mich, noch einmal das Thema "Islam und Aufklärung" aufzuarbeiten, da es nach wie vor eine der zentralen Fragen der geistigen Auseinandersetzung ist:

Kaum ein Begriffspaar beherrscht die gegenwärtige Diskussion so sehr wie das folgende: Islam und Aufklärung. Die Argumentationskette und damit zugleich der Frontverlauf zwischen dem Westen und der islamischen Welt ist klar: In den Augen des Westens kennt der Islam weder Renaissance noch Aufklärung, darum ist er rückständig, Muslime leben geistig im Mittelalter, die islamische Welt kennt deshalb weder wissenschaftlichen Fortschritt noch wirtschaftliche Entwicklung, Demokratie und Menschenrechte sind ihr fremd. Beinahe endlos ist die Zahl der Forderungen, die der Westen im Anschluß an diese "Bestandsaufnahme" stellt: "Der Islam braucht Aufklärung, muß sich säkularisieren, soll sich demokratisieren etc.", um so den Entwicklungsstand des Westens zu erreichen.

Ein Muslim westlicher Staatsangehörigkeit wird in besonderer Weise von diesen Behauptungen herausgefordert: Auf dem Boden des Islam stehend, kann er nicht nachvollziehen, daß seine Religion "mittelalterlich" sein soll. Erzogen in der Tradition der westlichen Aufklärung, kennt er deren Werte, kann sie jedoch nicht absolut setzen, da er sie an den Aussagen seiner eigenen Religion mißt.

Aufklärung - Wort und Lebensgefühl

Die erste Grundlage für Mißverständnisse zwischen Muslimen und Bürgern der westlichen Welt liegt bereits im Begriff "Aufklärung" selbst: Für einen Muslim ist Aufklärung durch die Offenbarung seiner Religion erfolgt, Aufklärung ist die Befreiung von der Zeit der Unwissenheit (dschahilija). Dagegen ist im Westen Aufklärung die große Befreiung der Menschen, der Wissenschaft und der Politik von 1700 Jahren kirchlicher Bevormundung und staatlicher Willkürherrschaft. Entsprechend ist das Lebensgefühl westlicher Menschen optimistisch aus der Rebellion gegen die Kirche heraus, das Lebensgefühl eines Muslim ist glücklich wegen seiner Religion. Aufklärung im Sinne westlicher Rebellion von ihm zu verlangen, empfindet er mindestens als unverständlich, wenn nicht sogar als eine Zumutung!

Aufklärung - der theoretische Anspruch

Geschichtsbücher und Nachschlagewerke führen übereinstimmend eine Reihe von Kriterien an, die die westliche Aufklärung ausmachen: Einführung der Gleichheit vor dem Gesetz, Aufruhr gegen Kirche und religiöse Institutionen und Beginn der Säkularisation, Befreiung der Wissenschaft von kirchlicher Bevormundung. Weniger anerkannt ist die Tatsache, daß es sich bei dieser Entwicklung um eine spezifische Reaktion auf den besonderen Verlauf europäischer Geschichte bis zum Zeitpunkt der Aufklärung handelt. Weil die Anhänger der westlichen Aufklärung diese zeitliche und räumliche Begrenzung nicht sehen, folgern sie, daß die als positiv empfundenen Errungenschaften der Aufklärung universal gelten müßten.

Die islamische Geschichte ist jedoch nicht nur anders verlaufen als die Geschichte des Westens, auch die Religionsinhalte des Islam unterscheiden sich von denen des Christentums. Deshalb hat ein Muslim gegenüber den "Errungenschaften" der westlichen Aufklärung eine differenzierte Einstellung: Einige "Errungenschaften" sind für ihn bereits von Anbeginn fest in seinem Glauben verankert, andere weist er von sich.

Gleichheit vor dem Gesetz: Anders als im Christentum die Bibel ist der Koran für alle Muslime die Grundlage für die Gesetze, die das Zusammenleben bestimmen. Koran und Sunna (die Lebensweise des Propheten), der Analogieschluß, der gesellschaftliche Konsens und die eigenständige Rechtsauslegung ergeben zusammengenommen die Scharia, die Gesamtheit der Rechtsvorschriften, die für alle Muslime gelten - gleich ob Herrscher oder Beherrschter. Von Anfang an sind also im Islam auch Herrscher an das von Gott offenbarte Gesetz gebunden, die Menschen mußten sich das Recht nicht erst erdenken und gegen die Herrscher erkämpfen.

Säkularisation: Die Forderung nach Trennung von Kirche und Staat ist für Muslime sunnitischer Grundrichtung in zweifacher Hinsicht schwer zu verstehen: Der sunnitische Islam kennt keine Kirche als Institution. Selbst wenn eingeräumt wird, daß zu unterschiedlichen Zeiten Religionsgelehrte unterschiedlich starken Einfluß hatten, ist unbestritten, daß es im Islam nie einen Investiturstreit gegeben hat. Deshalb ist aus institutioneller Sicht der Begriff Säkularisierung für Muslime schwer verständlich: Hinzu kommt die Tatsache, daß für einen Muslim Gott einerseits der absolute Schöpfer ist, zugleich ist er ihm aber auch näher als seine Halsschlagader. Folglich fragt sich der Muslim natürlich, wie er sich eine Trennung - wenn schon nicht von Kirche und Staat - so doch von Religion und Leben vorzustellen habe und was das für Folgen haben könnte.

Doch auch Anhänger der westlichen Aufklärung sollten nachdenklich werden, wenn sie Wolfgang Schäubles Einschätzung der Wirkung der Säkularisierung lesen:

"Warum messen viele in unserem Land der Familie und dem Wunsch nach Kindern weniger Bedeutung bei als früher? Ich vermute, daß es eine mangelnde Lebenszuversicht gibt, die sich auch im Geburtenrückgang niederschlägt. Ihre Ursache wird man in zunehmenden Ängsten und einem fehlenden Grundvertrauen zu suchen haben, das wiederum mit schwindenden religiösen Bindungen und der fortschreitenden Säkularisierung in der Gesellschaft zusammenhängt."

Kann eine Entwicklung mit derartigen Folgen ernsthaft der islamischen Welt als verbindliches Modell vorgeschrieben werden?

Befreiung der Wissenschaft: Die Vertreter der westlichen Aufklärung behaupten, der große wissenschaftliche Aufschwung ihrer Gesellschaften habe mit der Befreiung der Wissenschaft von den Fesseln der Kirche begonnen. Die zeitliche Entwicklung scheint diese These zu bestätigen. Es stellt sich jedoch die Frage, ob es sich wirklich nur um eine Befreiung von der Institution Kirche gehandelt hat, oder nicht vielmehr um eine Befreiung von einer grundsätzlich wissenschaftsfeindlichen Einstellung des Christentums: Während der Islam lehrt, daß Gott Adam alle Dinge samt ihren Namen lehrt - und das vor dem Sündenfall -, und vom Gläubigen fordert, nach Wissen zu streben, besteht der christliche Sündenfall gerade im Essen vom Baum der Erkenntnis. In der Folge haben die Kirchenväter, so die Autorin Sigrid Hunke, gegen Wissenschaft und Forschung eingewandt, das neugierige Mehr-Wissen-Wollen habe die Menschen schon einmal "in Sünde gestürzt". Paulus, so erfahren wir von Frau Hunke, erklärte die Weisheit der Welt für Torheit. Nicht ohne Grund haben deshalb Islam und Christentum so unterschiedliche Entwicklungen im Bereich der Wissenschaften genommen.[38] Der Muslim brauchte sich nicht gegen den Islam aufzulehnen, um forschen zu können, er folgte vielmehr einer religiösen Verpflichtung! Die im Westen so viel beschworene Renaissance wäre gar nicht möglich gewesen, hätten die Muslime die Texte der Griechen nicht überliefert und gerettet.

Richtig ist allerdings: Im 11. Jahrhundert (christl. Zeitrechnung) setzte sich im Islam die Vorstellung durch, der Islam sei vollendet und das "Tor der eigenen Urteilsfindung" wurde geschlossen. Dadurch wurde die große islamische Wissenschaftstradition abgebrochen. Wenn heute jedoch Übereinstimmung herrscht, das Tor der selbständigen Erkenntnis sei wieder geöffnet, so ist auch diese Tatsache keine Aufklärung im Sinne einer Rebellion gegen die Religion, sondern im Gegenteil die Rückkehr zu einer Tradition, die mit den Inhalten des Koran verbunden ist.

Wie die Säkularisation bringt die mit der Aufklärung begonnene Wissenschaftlichkeit der westlichen Welt ein großes Dilemma. Der CDU-Politiker Bernhard Vogel schreibt:

"Zu Ende gedacht ist die Aufklärung die dem Menschen anheimgestellte Vollendung des Schöpfungsauftrages, sich die Erde untertan zu machen. Das hatte zur Folge, daß die Aufklärung gleichbedeutend wurde mit wissenschaftlich-technischem Fortschritt und mit der Grundstimmung des Fortschrittsoptimismus. Was dahinter zurückblieb, war die andere Forderung der Aufklärung, den Menschen zu einem moralischen Wesen durch Bildung und Erziehung zu formen, seine Moralität zu schärfen und so den Sinn für Selbstbeschränkung zu schaffen. Daher ist für mich heute das Christentum Bedingung gegen die 'Selbstzerstörung' der Aufklärung."

Wenn aber ein westlicher Politiker seine Religion als Korrektiv zur Aufklärung empfindet, muß er sich fragen lassen, warum er Muslimen, für die der Islam nach wie vor der ethische Rahmen für Forschung und Wissenschaft ist, den verunglückten Weg des Westens überhaupt empfiehlt.

Westliche Aufklärung - unerfüllte Utopie?

Auf den Prüfstand der Geschichte gestellt, ergibt sich, daß die westliche Aufklärung zu einer ungeheueren Entwicklung geführt hat. Doch zugleich muß gefragt werden, ob sich die Aufklärung tatsächlich geschichtlich durchgesetzt hat. Waren der amerikanische Sezessionskrieg, der Erste und Zweite Weltkrieg und Vietnam Errungenschaften der Aufklärung, ist der Krieg in Bosnien-Herzegowina Verwirklichung der Aufklärung? Eine weitere Frage: Ist die Aufklärung auch an der Basis - oder besser - über den Stammtischen angekommen? Wo war die Aufklärung in Hoyerswerda, Rostock und Mölln? Ist nicht die westliche Aufklärung eine unerfüllte Utopie, ein theoretischer Ansatz, dessen Umsetzung nur teilweise gelungen ist, ja vielleicht nur teilweise gelingen wird, weil er auf einem zu optimistischen Menschenbild beruht, das sich von seinem religiösen Bezugspunkt gelöst hat?

Ein Muslim erkennt in der westlichen Aufklärung viele Grundwerte seiner eigenen Religion, aber er ist sich dessen bewußt, daß die einzige Chance zur Umsetzung dieser Werte nicht durch eine Rebellion gegen seine Religion möglich ist, sondern nur auf dem Fundament des Islam.

Konferenz "Religionen im Sudan"

Wie kaum ein anderes Land steht der Sudan zur Zeit im Kreuzfeuer internationaler Kritik. Eine objektive Berichterstattung, die Tatsachen und ihre Ursachen gleichermaßen zu erfassen versucht, gibt es so gut wie gar nicht. Der Nord-Süd-Konflikt wird als Religionskrieg dargestellt. Es wird als selbstverständlich angesehen, daß der Süden ein Recht auf Sezession hat, da die Grenzen von den Engländern willkürlich gezogen worden sind. Während die koloniale Grenzziehung in Kuwait als verbindlich und endgültig angesehen wurde, ist sie es hier offensichtlich nicht. Es wird ebenso wenig gefragt, ob es im Süden des Sudans nicht hauptsächlich um Bodenschätze geht. Niemanden scheint die Tatsache zu interessieren, daß es in den zwanziger Jahren im Süden ethnische Säuberungen gab, durchgeführt von Christen gegen Muslime. Diese Periode der Geschichte darf sicher nicht zur Legitimation heutiger Gewalt dienen, aber sie zeigt, daß die Auseinandersetzung nicht erst heute spontan entstanden ist und daß es Christen waren, die in den zwanziger Jahren das tatsächlich taten, was heute Muslimen vorgeworfen wird.

1993 besuchte ich auf Einladung der Regierung des Sudan vom 26. - 30. April die Konferenz "Religionen im Sudan", und ich war froh, mir selbst einen gewissen Eindruck verschaffen zu können.

Als Dolmetscher für den Besucherdienst der Deutschen Bundesregierung "Inter Nationes" hatte ich während meines Studiums gelernt, wie sich Regierungen selbst darstellen. Ich reiste deshalb mit einer gewissen Vorsicht.

Doch während der Konferenz mit 85 Teilnehmern aus über 30 Ländern mit zahllosen Gesprächen an vielen verschiedenen Orten war es mir durchaus möglich, mir ein eigenes, unvoreingenommenes, aber sicher auch nicht ganz vollständiges Bild der Dinge zu machen, wie ich es im folgenden Text beschrieben habe:

"Hallelujah, hallelujah..." - laut schallt der Chor der christlichen Gemeinde, die sich zusammengefunden hat, um neue Geistliche zu weihen. Es ist Sonntag, Sonntag in einem islamischen Land, und es ist der erste Programmpunkt im Rahmen einer einwöchigen interreligiösen Konferenz, zu der die Regierung des Sudan eingeladen hat. Bereits hier fallen die ersten Vorurteile der 85 Gäste aus über 30 Ländern der Erde: Ein islamisches Land, mit christlichen Kirchen, eine interreligiöse Konferenz, die mit dem Besuch eines christlichen Gottesdienstes beginnt, sicher nicht das, was man von einem "islamisch fundamentalistischen Regime" erwartet, wie es in der westlichen Presse immer wieder dargestellt wird.

Fünf Tage mit bis zu zwölf Statements pro Tag, dazu ein dichtgedrängtes Besuchsprogramm, lassen sich nicht in aller Ausführlichkeit hier darstellen. Nur die wichtigsten inhaltlichen Konzepte der religiösen Koexistenz, wie sie im Sudan praktiziert werden, seien deshalb hier dargestellt.

Staatsbürger statt Glaubensbrüder

Westliche Autoren gestehen den Muslimen der ersten Jahrhunderte zu, daß sie Christen und Juden, den Anhängern der anderen "Buchreligionen" gegenüber mehr Toleranz gezeigt hätten als später die Christen ihrerseits gegenüber Andersgläubigen. Zugleich weisen diese Autoren jedoch darauf hin, daß das islamische System der "dhimmis", der Schutzbefohlenen, diesen nicht die gleichen Bürgerrechte im Sinne der Neuzeit gegeben habe wie den Muslimen.

Vor diesem Hintergrund ist es außerordentlich interessant, daß der Sudan sich zwar als islamischer Staat definiert, als konstitutiv für die Staatsbürgerschaft aber nicht die Zugehörigkeit zum Islam ansieht, sondern den Status des "natural citizen". D. h. Nicht-Muslime erhalten im Sudan ihre Rechte durch ihre Staatsbürgerschaft im Rahmen der Verfassung und des Gesetzes.

Diese Neufassung der traditionellen Staatstheorie wird damit begründet, daß im modernen Staat die Nicht-Muslime - gleich ob im Sudan oder anderswo - ihren Status nicht in der Folge eines Krieges mit Muslimen erhielten, wie die "dhimmis" früherer Zeiten.

"Rather their status is that of natural citizens, an important attribute that determines the treatment of non-Muslims in modern Islamic societies on perfectly equal footing with Muslims."

(Ihr Status ist vielmehr der eines natürlichen Staatsbürgers, ein wichtiges Attribut, das die vollkommene Gleichbehandlung von Nicht-Muslimen und Muslimen in modernen islamischen Gesellschaften bestimmt.)

Scharia *und Pluralismus*

In den vergangenen Wochen konnte in einer deutschen Illustrierten über den Sudan folgendes gelesen werden:

"Die Menschen im Süden, jahrhundertelang von arabischen Sklavenhändlern terrorisiert, wehren sich verzweifelt dagegen, daß ihnen die islamischen Fundamentalisten erneut ein Joch aufzwängen - etwa durch Einführung der "Scharia", der rigorosen Rechtsprechung nach dem Koran." (Stern 23/93)

Dem unbefangenen Leser, der nicht weiß, daß die Kolonialverwaltung in den zwanziger Jahren beschlossen hatte, den Süden vom islamischen Einfluß zu befreien, die Muslime per Paßgesetz 1922 aus dem Süden vertrieb, alles, was islamisch schien, verbot - das Tragen der Jellaba wie die arabische Sprache -, müssen die Muslime nach Lektüre des Stern-Artikels als grausame Aggressoren erscheinen, obwohl die aktuellen Konflikte in der Tat ihren Ursprung in den zwanziger Jahren haben.

Näher an der Wahrheit ist ein Bericht in FOCUS (21/93), in dem es heißt:

"Die sudanesische Regierung kündigte sogar an, auf den Islam als Staatsreligion verzichten zu wollen, wenn damit der Bürgerkrieg zwischen dem islamischen Norden und dem christlich-animistischen Süden beendet werden könne."

Was hat es nun tatsächlich mit dem Geltungsbereich der Scharia über Nicht-Muslime auf sich?

153

"Customs and Sharia are the two sources of legisla-
tion. Custom and tradition of non-Muslims have thus
become an important tributiary of national legisla-
tion, which enables them to preserve their specific
character and identity.[39]

(Brauchtum und Scharia sind die zwei Säulen islamischer Gesetzgebung. Brauchtum und Tradition von
Nicht-Muslimen sind somit zum wichtigen Bestandteil nationaler Gesetzgebung geworden, die ihnen
hilft, ihren spezifischen Charakter und ihre Identität
zu bewahren.)

Im praktischen Rechtsalltag heißt das nicht mehr und
nicht weniger, als daß die religiösen "hudud"-Strafen
des islamischen Rechts auf Nicht-Muslime nicht ange-
wendet werden. Man stelle sich das einmal in Deutschland vor, wo das Grundgesetz zwar die freie Religionsausübung garantiert, das Tierschutzgesetz aber, das für
alle Bürger gilt, es den Muslimen unmöglich macht,
Tiere durch Schächtung zu töten, wie es ihren Glau-
bensgrundsätzen entspricht. Es wäre interessant, der
Frage nachzugehen, welche der beiden Rechtsauffas-
sungen, die deutsche oder die sudanesische, tatsächlich
die freiheitlichere ist.

Religiöse Koexistenz

Im Sudan wird der sprachliche Begriff der religiösen
Koexistenz an Stelle des Begriffes der Toleranz verwendet und es gibt Beispiele, daß diese Koexistenz

auch praktiziert wird: Auf der Ebene des Nationalstaates gibt es heute mehr christliche Minister als früher, die drei Gouverneure der Südstaaten sind ebenfalls Christen. Im staatlichen Fernsehen wird jeden Sonntag eine Stunde lang ein christlicher Gottesdienst übertragen - man stelle sich vor, in Deutschland würde die Freitagspredigt für Muslime im Fernsehen gesendet!

Nicht nur die Tatsache, daß die einwöchige Konferenz zum Thema "Religionen im Sudan" durchgeführt wurde, vermittelt die Zuversicht, daß es die Regierung ernst meint mit dem interreligiösen Dialog. Schon im Vorbereitungskomitee wurde auf Parität zwischen Christen und Muslimen geachtet. Nachdenklich stimmte allerdings die Haltung der katholischen Kirche: Sie nahm zunächst an der Vorbereitung nicht teil, dann teilweise und zum Schluß wieder nicht. Auch bei unserem Besuch in einer katholischen Kirche im Süden, während dessen ein Syrer, ein Russe, ein Kopte und ein Vertreter einer nigerianischen Glaubensgemeinschaft ihre liturgischen Gesänge darbrachten, fiel die Abwesenheit des katholischen Hausherrn auf. Last not least, in seinem Schlußstatement sicherte der Präsident der Konferenz zu, daß die Regierung das Missionsgesetz schnellstens ändern werde.

Humanitäre Hilfe und internationale Fairness

Der Besuch der Städte Malakal und Juba (ca. 1600 km von Khartoum entfernt) im Süden ermöglichte vielfältige offizielle und private Gespräche: Es wurde übereinstimmend die Auskunft gegeben, daß nicht ein "religöser" Konflikt das Hauptproblem darstelle, sondern die nach wie vor unzureichende Versorgungslage. Eine andere Gruppe, die nach Wau geflogen war, brachte ähnliche Eindrücke mit zurück. Um diese Eindrücke auch einer breiteren Öffentlichkeit zugänglich machen zu können, wurden über beide Reisen kurze Berichte verfaßt, die von den Teilnehmern unterschrieben wurden. So lautet der Text des Berichtes aus Wau:

"... we were informed by those, whom we met that the most urgent problem among all that needs immediate attention from the responsible authorities is the great shortage of food in the area, and that religion is not a cause for conflict and strive among the people of Wau."

(Wir wurden von den Menschen, die wir trafen, informiert, daß das wichtigste Problem, das sofortige Aufmerksamkeit von den verantworlichen Behörden erfordert, der große Nahrungsmangel in der Region ist, und daß die Religion kein Anlaß für Konflikte und Auseinandersetzungen für die Menschen von Wau ist.)[40]

Unterschrieben wurde diese Aussage nicht nur von mitreisenden Muslimen, sondern auch von zwei Vertretern der evangelischen Kirche in Deutschland. Ein entsprechender Bericht über Juba liegt ebenfalls vor, leider fehlt unter ihm die Unterschrift des katholischen Vertreters aus Deutschland, obwohl der Bericht mit ihm abgestimmt wurde.

Unbestritten herrscht nach wie vor Not, und es besteht die dringende Notwendigkeit für humanitäre Hilfsaktionen. Die westliche Welt sollte diese Hilfe leisten und zugleich Fairneß gegenüber der Regierung des Sudan und seiner Bevölkerung walten lassen.

Vision kultureller Einheit

Besonders interessant der Besuch im Kulturmuseum: Gegenstände vorislamischer Zeit werden ebenso stolz gezeigt wie die Fresken christlicher Kirchen, die dem Assuanstaudamm hatten weichen müssen. Keine Idee eines islamischen Bildersturms! Der kulturelle Abend zum Abschluß war ein weiterer beeindruckender Höhepunkt der Reise: Die Einsamkeit der unendlichen Weite der Wüste und des Niltales klang aus den Gesängen der Kopten. Stämme aus dem Süden tanzten mit Baströcken bekleidet ihre Stammestänze. Plötzlich sprangen Muslime in Gallabia und mit Stammesstöcken auf und liefen zur Bühne. Großes Erschrecken. Doch als sie sich tanzend unter die Truppe mischten, brach unglaublicher Beifall und Jubel aus. Tanzende Muslime, das hatte sicher niemand erwartet! So wurde der Abend zu einem hoffnungsvollen Ausdruck eines friedlichen Zusammenlebens!

Humanitäre Arbeit am Schnittpunkt
unterschiedlicher Religionen und Kulturen

Im Januar 1994 veranstaltete die International Islamic Relief Organization in Bonn ein Seminar für Journalisten über unterschiedliche Aspekte interkultureller und interreligiöser humanitärer Hilfe. Im Rahmen dieses Seminares hielt ich den folgenden Vortrag:

Die Fragen dieses Themas wären schnell abgehandelt, wenn wir uns nur über die Tatsache einigen müßten, daß es unterschiedliche Religionen und Kulturen gibt, daß Menschen aus der einen Kultur, die Katastrophen- oder Kriegsopfern aus einer anderen Kultur helfen wollen, der Gefahr ausgesetzt sind, Fehler zu begehen, weil sie - obwohl guten Willens - sich in Unkenntnis der anderen Kultur schlichtweg falsch verhalten.

Dann könnten wir fordern, daß sich alle Helfer, bevor sie ins Ausland gehen, oder hier mit Flüchtlingen arbeiten, mit den wichtigsten Gepflogenheiten der anderen Kultur vertraut machen, bevor sie ihre humanitäre Arbeit beginnen.

Doch so einfach ist die Sache nicht. Spätestens seit Samuel P. Huntington seine Thesen über den "Kampf der Kulturen" veröffentlicht hat: "Der wichtigste Grund für Konflikte wird kulturell sein", oder noch deutlicher: "Der nächste Weltkrieg wird, wenn er denn stattfindet, ein Krieg zwischen Kulturen sein", wissen wir, daß neue Feindbilder in Arbeit sind.

Huntington nennt sieben oder acht Kulturen mit unterschiedlichen Varianten, zwei davon sind die islamische und die christliche.

Die folgende Darstellung meiner eigenen Erfahrungen im Bereich der humanitären Hilfe, die sich in der Tat am Schnittpunkt zweier Kulturen und Religionen - der islamischen und der christlichen - abspielt - erfolgt vor dem Hintergrund der Huntingtonschen Apokalypse. Sie soll zeigen, daß diese Apokalypse nicht zwangsläufig ist: Jede humanitäre Hilfe steht zwar immer im Kreuzfeuer von Presse, Politik und öffentlicher Meinung, sie birgt jedoch auch die große Chance, kulturelle und religiöse Verständigung zu fördern.

Hilfe nach islamischen Regeln

Der Islam gibt seinen Anhängern präzise Regeln für das tägliche Leben. Natürlich kann ein islamisches Hilfswerk, dessen Mitarbeiter diese Vorschriften kennen, Muslimen problemloser helfen als ein nicht-islamisches Hilfswerk, das sich dieses Wissen erst einmal aneignen muß. Doch auch hier gibt es Schwierigkeiten: In Slowenien betreut das Deutsch-Islamische Hilfswerk Lager, die von der slowenischen Regierung zugewiesen wurden und in denen in der Regel 80 Prozent Muslime und 20 Prozent Christen leben. Anlaß genug für orthodoxe Muslime zu fragen, ob es überhaupt zulässig sei, mit islamischen Spenden Nicht-Muslimen zu helfen. Eine *fatwa* (Verhaltensregel) des obersten islamischen Gelehrten des Königreichs Saudi Arabien sorgte hier für Klarheit: Es ist nicht nur zulässig, sondern geradezu ein Gebot. Doch allein die Tatsache, daß diese Fatwa notwendig war, zeigt, daß das Kreuzfeuer aus allen Richtungen - auch der eigenen - kommen kann.

Es ist für das Deutsch-Islamische Hilfswerk (DIHW) selbstverständlich, in Lagern mit überwiegend muslimischen Flüchtlingen einen Raum als Gebetsraum herzurichten. Eine Selbstverständlichkeit, die dennoch Journalisten Anlaß gibt, die Frage nach religiöser Indoktrinierung zu stellen. Die Antwort: Natürlich können auch Christen sich einen Gebetsraum einrichten, praktischer ist jedoch zumeist der Gang in die nächste christliche Kirche um die Ecke.

Verblüffung und anerkennende Worte gab es von Journalisten, die gesehen hatten, daß in einem anderen Lager Christen - die unangemeldet besucht wurden - Kruzifixe an den Wänden hatten und eine Bierflasche auf dem Tisch - während in der nächsten Unterkunft ein Gebetsraum eingerichtet worden war. Argumentationsbedarf in diesem Fall wieder in Richtung der orthodoxen Muslime, die damit überzeugt werden konnten, daß die islamischen Vorschriften in diesem Lager nicht von den Christen eingehalten werden müßten. Selbstverständliche Klarstellung: Das Bier wird nicht von islamischen Spenden bezahlt!

Kommen wir zu Flüchtlingen, die den Weg nach Deutschland gefunden haben: Zu Diskussionen gab die Frage Anlaß, ob Muslime und Christen gemeinsam Weihnachten und islamische Feste feiern sollten. Die Antwort des DIHW lautet natürlich "ja", denn gemeinsame Feste fördern das gegenseitige Verständnis mehr als jede abstrakte Dialogveranstaltung.

Ein besonderes Beispiel aus der Arbeit des DIHW soll hier abschließend dargestellt werden: Für katholische Kinder in Kiew hatte die Caritas Spielzeug gesammelt, leider fehlte die Transportmöglichkeit. Die Caritas fragte das DIHW, das sofort einen LKW zum Transport des Spielzeuges zur Verfügung stellte.

Hilfe im politischen Kreuzfeuer

Wer so interkulturell und -religiös hilft wie das Deutsch-Islamische Hilfswerk, sitzt naturgemäß zunächst zwischen allen Stühlen. Alle oben dargestellten Problembereiche sind jedoch relativ leicht zu klären. Schwieriger wird es, wenn das Kreuzfeuer von der politischen Seite kommt. Mit seinem Kooperationspartner HELP wollte das DIHW in Somalia humanitäre Hilfe leisten. Unterstützung aus der EG war zugesagt. Nachdem der Vorwurf zu kursieren begann, EG-Güter kämen Fundamentalisten zugute, wurden fest zugesagte Getreidelieferungen gestoppt.

Abgesehen von der Tatsache, daß ein Gerücht schon ausreichte, um den Lieferstopp zu bewirken, wird an diesem Fall offensichtlich, wie leicht es ist, mit Schlagworten humanitäre Hilfe ohne Argumente in Mißkredit zu bringen: Wenn die einzigen intakten Strukturen in einer islamischen Region die Moscheen mit ihren Imamen sind, sollte es selbstverständlich sein, die Abwicklung der Hilfslieferungen über die Moscheen vorzunehmen - oder sollten die Lebensmittel etwa am Dorfrand ausgekippt werden? Die Gleichsetzung Imame - Fundamentalisten bewirkte, daß überhaupt keine Hilfe kam.

Wenn wir jetzt zu Huntington zurückkommen, läßt sich nach diesem Beispiel aus Somalia feststellen, daß es natürlich Möglichkeiten gibt, humanitäre Hilfe zu diskreditieren und religiöse und kulturelle Mißverständnisse geradezu herbeizureden. Neu ist das nicht, denn das Verhältnis Islam-Christentum ist seit nunmehr über 1400 Jahren durch einseitige christliche Geschichtsschreibung und Verhaltensmuster belastet, die Kreuzzüge und die Vertreibung der Muslime aus Spanien seien hier nur beispielhaft angeführt. Trotzdem komme ich zu dem Schluß, daß humanitäre Hilfe über kulturelle und religiöse Grenzen hinweg nicht nur eine religiöse Verpflichtung für mich selbst ist. Ich bin auch davon überzeugt, daß wir nur so eine Chance haben, Formen des Verstehens zu finden, die die Huntingtonsche Apokalypse entlarven als das, was sie ist: ein politisch motiviertes Horrorszenario, das zukünftige Interventionen vorsorglich begründet!

Ein Abend für Bosnien-Herzegowina

Omar Ibn Al Khattab Moschee, Los Angeles

Die Omar Ibn Al Khattab Stiftung in Los Angeles und das Deutsch-Islamische Hilfswerk veranstalteten im Juli 1994 in Los Angeles einen Abend der Solidarität mit Bosnien-Herzegowina. Nachdem ich in den vergangenen 20 Jahren fast jedes Jahr einmal in Los Angeles Urlaub gemacht hatte, schloß sich durch diese Veranstaltung ein Kreis - ich unternahm erste Schritte in der islamischen Gemeinde der USA. Im Rahmen dieser Veranstaltung hielt ich den folgenden Vortrag:

Liebe Schwestern,
liebe Brüder,

als Muslime wissen wir, daß Allah diejenigen liebt, die spenden und helfen, ohne viel darüber zu reden. Um mich Euch jedoch kurz vorzustellen, muß ich zunächst ein wenig über mich sprechen:

Seit 1992 habe ich für die International Islamic Relief Organization, deren Zentrale in Jeddah ist, gearbeitet, bis wir uns in Deutschland als Deutsch-Islamisches Hilfswerk konstituierten. Da unser Büro und unser Lagerhaus etwa einhundert Kilometer von meinem Wohnort entfernt ist, liegt die Hauptlast der Arbeit auf Abdulkadir Hamdan, unserem Vorsitzenden. Ich selber beschäftige mich hauptsächlich mit Öffentlichkeitsarbeit,

163

mit Kontakten zu Journalisten und mit der Organisation von Reisen und Seminaren, auf denen wir Politiker und Journalisten zusammenbringen, um über die Lage in Bosnien-Herzegowina aber auch z. B. die Lage der Kurden im Irak zu sprechen.

Da ich vor Beginn dieser ehrenamtlichen Tätigkeit über zehn Jahre in der Bundesgeschäftsstelle der CDU gearbeitet hatte, standen mir vielfältige Kontakte für Unterstützung bei dieser humanitären Arbeit zur Verfügung. Mein politischer Werdegang ist zugleich die Ursache dafür, daß ich heute abend hauptsächlich über die politischen Hintergründe des Konflikts in Bosnien-Herzegowina sprechen möchte, weil ich der Meinung bin, daß Hilfe alleine nicht reicht und wir Krisen nur politisch beenden können. Das geht jedoch nur, wenn man mit den politischen Zusammenhängen vertraut ist.

Der alltägliche Krieg und die neue Weltordnung

Nach 1945 und nach 1990 hatten die Menschen die Hoffnung auf ein neues friedliches Lebens auf dieser Erde. Beide Hoffnungen haben sich leider als Illusionen erwiesen:

Seit 1945, nachdem der Frieden "ausbrach", tobten, je nachdem wie man zählt, 150 bis 160 Kriege. Schätzungsweise 7.200.000 Soldaten wurden getötet. Das ist nur die Zahl der Toten - Verwundete, Gefolterte und Verkrüppelte nicht eingeschlossen. Das sind nur 1 Millionen weniger als im Ersten Weltkrieg (8,4 Millionen). Zählt man die zivilen Kriegsopfer hinzu, kommt man auf eine Zahl von 33 bis 40 Millionen.

Die Menschen haben einander erschossen, erstochen, zerbombt, vergast in Burundi und Bolivien, Zypern und Sri Lanka, Madagaskar und Marokko. Es gibt heute nahezu 200 Mitgliedstaaten in der UNO. Krieg hat es in über 60 von ihnen gegeben. 31 Konflikte alleine im Jahr 1990.

In den 2.340 Wochen, die zwischen 1945 und 1990 vergangen sind, erfreute sich die Erde ganzer drei Wochen, in denen es nirgends Krieg gab. Die Zeit nach 1945 "Nachkriegszeit" zu nennen ist deshalb mehr als fragwürdig. Krieg ist nach wie vor eine Alltäglichkeit![41]

Warum regen wir uns also überhaupt auf? Lassen wir doch die Menschen sich umbringen, wenn sie es nicht lassen können!

1. Ich kann hier nur meine persönliche Antwort geben, aber ich bin sicher, jeder hier in diesem Raum wird sie teilen: Selbst wenn wir die Untaten von Regierungen und Terroristen nicht beenden können, ist es unsere moralische Verpflichtung, den Opfern zu helfen.

2. Meine größte persönliche Verpflichtung gilt der Erhaltung des Friedens - mit der einen Ausnahme, wenn der Fall eintritt, daß ich meine Familie und mein Land verteidigen muß.

3. Nach dem Ende des "Kalten Krieges" 1990 und dem Niederfall des Sozialismus wurde viel von einer neuen Ordnung der Welt gesprochen. Im Namen dieser neuen Weltordnung und im Namen von Men-

schenrechten und Freiheit wurde der Golfkrieg geführt.

Wenn wir diese beiden Begriffe für unsere zentralen Werte halten, müssen wir sie überall anwenden - wir können sie nicht in einem Fall anwenden und im nächsten wegschauen! Wenn wir sie selektiv anwenden, verlieren wir die Glaubwürdigkeit gegenüber unseren Mitmenschen und wir verraten unsere Verantwortung vor Allah.

Kein Mensch auf dieser Erde - und besonders kein Muslim - kann ruhig sitzen und zusehen, was in Bosnien geschieht: Gleich welche Probleme, Krisen und Konflikte es in dieser Region gegeben hat, haben die Menschen dort doch gezeigt, daß man in einer multiethnischen und multi-religiösen Gemeinschaft zusammenleben kann. Christen der verschiedenen Bekenntnisse, Muslime und Juden haben gezeigt, daß ein Zusammenleben möglich ist. Die Geschichte hat jedoch auch gezeigt, daß das Eis der Zivilisation sehr, sehr dünn ist, daß es schnell brechen kann, wenn Gewalt im inneren oder von außen kommt.

Wir als Muslime dürfen nie vergessen, daß wir überall in der Welt wo wir Minderheiten sind, auch auf dünnem Eis leben. - Ich erinnere nur an die Unruhen von zwei Jahren in Los Angeles: Es hat nur einen halben Abend gedauert bis die gesellschaftliche Struktur in dieser Stadt zusammengebrochen war und Mord und Totschlag regierten. Damals waren Muslime nicht die Opfer, aber mit der entsprechenden Demagogie und Propaganda ist alles möglich.

Golfkrieg und Jugoslawien

Die Frage nach den Hintergründen dessen, was in den vergangenen zwei Jahren in Bosnien-Herzegowina geschehen ist, kann nicht - wenn überhaupt - beantwortet und bewertet werden, ohne einen Bezugsrahmen, an dem gemessen werden kann, wie ungeheuerlich die Ereignisse dort und das Versagen der westlichen und islamischen Welt waren und sind.

Der rote Faden im Golfkrieg

Der Referenzrahmen für mich ist der Golfkrieg: Erinnern wir uns: Am 2. August 1990 annektiert Saddam Hussein Kuwait. Eine internationale Koalition schließt sich unter der Führung der USA zusammen. Unter dem Dach der UNO wird ein Embargo verhängt, ein Ultimatum gestellt, ab Mitte Januar 1991 der Irak kurz und klein gebombt und nach einem kurzen Landkrieg das Ende des Krieges erklärt. Saddam wird im Amt gelassen, um das prekäre Gleichgewicht der Region nicht zu zerstören. Kurden und Shiiten, die augenzwinkernd zur Revolte aufgefordert worden waren, werden geopfert - allenfalls die Kurden erhalten eine gewisse Autonomie.
   Soweit die Tatsachen. Doch die Tatsachen sind nur das augenscheinliche, viel interessanter und verräterischer sind die Dinge hinter den Tatsachen - ich möchte sie einmal den "roten Faden" nennen.
   Da gibt es die Geschichte von den "Planspielen" des amerikanischen Generalstabs, was zu tun wäre, wenn im Nahen Osten die Ölquellen bedroht wären; da gibt es die "plötzliche" Erkenntnis, daß man Saddam Hus-

sein weit über jede Kontrollierbarkeit hinaus aufgerüstet hat. Wir werden höchstwahrscheinlich nie wissen, was letztlich zum Einmarsch Saddam Husseins geführt hat, aber klar ist, daß damit die Möglichkeit gegeben war, ihn wieder auf ein verträgliches Maß zurückzubomben.

Mit der Begründung, staatliche Grenzen seien zu garantieren, die westlichen Werte "Demokratie" und "Menschenrechte" gelte es zu verteidigen, wurden Ultimaten gestellt, die von vornherein sicherstellten, daß auf sie nicht eingegangen werden konnte.

Wir kennen das Ergebnis.

Fazit des Golfkrieges:

1. Es gab eine klare Analyse über die Bedeutung dieser Region für den Westen,
2. es gab vorbereitete Pläne für Aktionen in diesem Bereich,
3. es gab den gemeinsamen Willen, politisch zu handeln,
4. es gab wohlklingende Begründungen für das Vorgehen.

Der rote Faden im ehemaligen Jugoslawien

Kommen wir nun zum ehemaligen Jugoslawien. Ich folge in meiner Argumentation den Thesen von Noel Malcolm in seinem Buch "Bosnia - A Short History" (Bosnien - eine kurzgefaßte Geschichte)[42], der zu dem Schluß kommt, daß Bosnien-Herzegowina durch zwei Kräfte, die von außerhalb kamen, zerstört wurde:

1. die Serben, die alles taten, um ein Großserbien aus dem Rest von Jugoslawien zu schneiden
2. die Nachlässigkeit und die falschen Beschlüsse der restlichen Welt.

Denn auch im ehemaligen Jugoslawien gab es einen roten Faden. Nur lag hier das Gesetz des Handelns in der Hand eines einzelnen: des Vorsitzenden der serbischen Kommunisten, Slobodan Milosevic! Und der Westen war weder vorbereitet noch vermochte er geschlossen zu reagieren!

Im nachkommunistischen Jugoslawien sehen wir einen Mann, eben Slobodan Milosevic, der entschlossen war, sein Ziel durchzusetzen, mit Hilfe der kommunistischen Partei die Macht in ganz Jugoslawien zu erhalten. Da aber die kommunistische Partei sich schnell auflöste, und die Menschen in der Föderalen Republik Jugoslawien größere Freiheit von der Zentralmacht in Belgrad wollten, hatte Milosevic nur eine Option: sich so viel wie möglich aus dem ehemaligen Jugoslawien herauszuschneiden, um so ein "Großserbien" zu schaffen. Drei Teilrepubliken waren es, die entschlossen waren, größere Unabhängigkeit zu erhalten: Slowenien, Kroatien und Bosnien-Herzegowina. Hier die kurze Geschichte dieser drei Teilrepubliken.

Die Vorbereitungen für die Demokratie

1990 bereiteten Slowenien und Kroatien Mehrparteiensysteme für die Wahlen im Frühling vor, in Bosnien-Herzegowina fanden die Wahlen im Dezember statt.

In Slowenien wurden die Wahlen von der liberal-nationalen Koalition gewonnen.

In Kroatien gewann die neue kroatisch-nationale Partei, die Kroatische Demokratische Union (HDZ), unter Franjo Tudjman die Wahlen. Die Serben hatten sich in der Serbisch-Demokratischen Partei organisiert (SDS). Bereits im Sommer 1990 wurde die SDS in Knin von einem radikalen Anführer übernommen, der enge Kontakte mit Milosevic zu haben schien. Im August wurde ein Referendum für die Autonomie der Serben abgehalten. Im Januar 1991 benannten die örtlichen serbischen Führer die Region als serbische autonome Region Krajina und richteten ihr eigenes Parlament ein. So begann die Aufteilung des kroatischen Gebietes.

Anfang 1990 wurden in Bosnien-Herzegowina einige nationale Parteien gegründet. Die kroatische Partei war ein Ableger von Tudjmans HDZ. Sie setzte sich für die Einhaltung der bosnischen Grenzen ein. Aber die bosnisch-serbische Partei, im Juli 1990 gegründet und ebenfalls mit dem Namen SDS versehen, befand sich bald in offener Revolte wie in Kroatien. Die wichtigste bosnisch-islamische Partei wurde von Izetbegovic im Mai 1990 gegründet. Sie wurde die Partei der Demokratischen Aktion genannt. Die Wahlen fanden im Dezember 1990 statt. Izetbegovics Partei erhielt 86 der 240 Sitze, die andere islamische Partei 13. Die serbische Partei, von Karadzic geführt, erhält 72, andere Serben 13 Sitze. Die kroatische HDZ kam auf 44 Sitze. Insgesamt also 99 Muslime, 85 Serben, 49 Kroaten und 7 Jugoslawen.

Die prozentualen Anteile der Wahl entsprachen ziemlich genau den Bevölkerungsanteilen: Muslime: 41%

Stimmen, 44 % Bevölkerung; Serben: 35% Stimmen, 31% Bevölkerung; Kroaten: 20% Stimmen, 17% Bevölkerung. Izetbegovic richtete eine Koalition der drei größten Parteien ein, eine Koalition der nationalen Einheit.

Referenda und Unabhängigkeit

Im Dezember 1990 findet ein Referendum in Slowenien statt. Beteiligung: 90%, für die Unabhängigkeit stimmen 89%. In Kroatien findet ein entsprechendes Referendum am 19. Mai 1991 statt. 92% stimmen für Unabhängigkeit.

Am 25. Juni 1991 erklären Slowenien und Kroatien ihre Unabhängigkeit. Tanks der Bundesarmee marschieren am nächsten Tag in Slowenien ein.

Nun macht der Westen den ersten Fehler. Die EG und die USA sind nach wie vor für die Einheit und territoriale Integrität von Jugoslawien, eine Tatsache, die Milosevic ermutigt. Er glaubte, mit dem Einmarsch Nachahmer der Unabhängigkeit einschüchtern zu können. Doch Slowenien schlägt zurück, und Milosevic läßt seine strategischen Pläne schnell Pläne fallen.

In Kroatien ist im August 1991 der Krieg voll entflammt. Eines der Ziele war es, Kroaten aus den Regionen zu vertreiben, die zwischen von Serben bewohnten Gebieten lagen.

Im September 1991 wird das UNO-Embargo gegen ganz Jugoslawien erlassen, eine Tatsache, die die Bundesarmee überhaupt nicht schwächt, aber dafür die Kräfte Kroatiens.

Mitte Dezember 1991 erkennt die EG Slowenien und Kroatien an. Die Anerkennung tritt am 15. Januar 1992 in Kraft und wenige Wochen später folgt ein Friedensabkommen, das den Krieg in Kroatien beendet. Das von den Serben eroberte Gebiet wird zur UN-gesicherten Zone. Welchen Status es einmal haben wird, bleibt unklar.

Der Westen

Lord Carrington beschwert sich zu dieser Zeit, daß die EG sein Pferd erschossen und damit seine Pläne ruiniert hat, zu erreichen, daß alle sechs Teilrepubliken innerhalb Jugoslawien verbleiben. Was er nicht erkannt hatte, war, daß sein Pferd bereits gestorben war.

Die Entwicklung in Bosnien-Herzegowina

Wir haben inzwischen ein bestimmtes Verhaltensmuster erkannt: Wahlen, das Wegbrechen der Serben, Referendum, Angriff, internationale Anerkennung, Ende der Kampfhandlungen.

Mit Ausnahme des letzten ist dieses auch der Verlauf in Bosnien-Herzegowina. Nur die Tatsache, daß die serbischen Anhänger von Karadzic den Krieg erst mit der internationalen Anerkennung begannen, ist der tödliche Unterschied.

Im September 1991 machen die bosnischen Serben - oder besser: die Anhänger der SDS - den entscheidenden Schritt: Die vier Gebiete, die sich als serbischautonome Regionen erklärt hatten, bitten die Bundesarmee um Intervention zum Schutz nach einigen kleineren örtlichen Zwischenfällen. Sofort wird ein Kontingent von 5.000 Soldaten entsendet.

Im Oktober 1991 verläßt der Führer der bosnischen Serben, Karadzic, mit seinen Abgeordneten das nationale Parlament, das für die bosnische Unabhängigkeit gestimmt hatte. Karadzic errichtet eine eigene serbische Nationalversammlung, mit allen Insignien eines eigenen Parlamentes, ja eines eigenen Staates. Gleichzeitig wurden wichtige Kommunikationszentren von der Armee besetzt. Schwere Artilleriestellungen wurden im Winter 1991-92 um Sarajewo herum errichtet.

Am 29. Februar und 1. März 1992 wurde in Bosnien-Herzegowina das Referendum über Unabhängigkeit gehalten. Bei einer Wahlbeteiligung von rund 64% (die meisten Serben boykottierten das Referendum) war das Ergebnis fast einstimmig "ja".

Am 27. März 1992 wurde die Bosnisch-Serbische Republik ausgerufen.

Im Juli 1992 folgten die Kroaten Bosniens und erklärten die kroatische Gemeinschaft von Herzegowina-Bosnien.

Am 6. April 1992 wurde Bosnien-Herzegowina von der EG als unabhängiger Staat anerkannt. Es war der erste bosnische Staat seit 1463.

In diesem Moment begann der eigentliche Krieg, dazu die endlosen Gespräche über Kantone und schließlich Schutzzonen. Wie sicher z.B. die Schutzzone Goraschde war, haben wir gesehen. Während es einerseits grausame Kämpfe gab, gingen andererseits die Verhandlungen weiter. Und da geschah nun das Unglaubliche: Es gab die legitime Regierung eines international anerkannten Staates, aber am Verhandlungstisch gab es drei Parteien: die beiden Gruppen, die sich selbständig gemacht hatten, waren ebenfalls vertreten! Das mag verstehen wer kann - mein Verständnisvermögen übersteigt das.

Man stelle sich vor: Watts und Westwood[43] erklären sich für selbständig und der Gouverneur von Kalifornien lädt den Bürgermeister von Los Angeles und gleichberechtigt die Führer von Watts und Westwood an den Konferenztisch, um über die Zukunft zu verhandeln ...

Der Westen

Die Engländer nannten das, was folgte, fälschlicherweise einen Bürgerkrieg. Die USA waren mit dem Wahlkampf beschäftigt. Die Europäische Gemeinschaft stellte fest, es sei eine europäische Angelegenheit, und konnte sich nicht einigen. Boutros Ghali stellte fest, die Armee und die paramilitärischen Truppen in Bosnien hätten nichts mit der serbisch-jugoslawischen Regierung zu tun. Und die islamischen Länder verabschiedeten eifrig Resolutionen.

Die islamische Seite

Die fast totale Abwesenheit internationaler islamischer politischer Initiativen ist nicht nur bedauernswert, weil ein Großteil der Bevölkerung von Bosnien-Herzegowina Muslime sind, die von ihren Brüdern und Schwestern Hilfe erwartet haben. Es ist auch politisch schlecht, denn die wichtigste Botschaft Milosevics, der die Kroaten als Faschisten denunzierte, war die Behauptung, Bosniens Muslime seien Fundamentalisten und Izetbegovic wolle einen islamischen Staat errichten - eine Botschaft, die nur zu gut bei manchen westlichen Politikern und Kommentatoren ankam.

Als Beleg für seine Behauptungen führte Milosevic zwei Bücher an, die Izetbegovic geschrieben hatte: 1960, "Islamic Declaration" (Islamische Erklärung, 1960) und "Islam Between East and West" (Islam zwischen Osten und Westen, 1980). Milosevic stellt den Autor als Fundamentalisten dar, der in Jugoslawien die Scharia, das islamische Recht einführen wolle, und unterstellt Izetbegovic damit Aussagen, die er nicht gemacht hat. Izetbegovic hat demgegenüber ausdrücklich festgestellt:

"Muslimische Minoritäten in Nicht-Islamischen Ländern sind loyal und verpflichtet, alle Verpflichtungen gegenüber der Gemeinschaft zu erfüllen, wenn ihnen die Garantie der freien Religionsausübung gegeben wird und die Freiheit zu leben und sich zu entwickeln und wenn diese Verpflichtungen dem Islam und den Muslimen keinen Schaden antun."[44]

Wenn mir jemand erklären könnte, worin bei dieser Aussage die islamische Bedrohung liegt, wäre ich außerordentlich dankbar!

In Europa jedoch fielen diese Verleumdungen auf fruchtbaren Boden, und während die Politiker nicht

175

wußten, was sie tun sollten, spielte die öffentliche Meinung mit der Idee eines islamischen Staates in der "Mitte Europas".

Humanitäre Hilfe

Laßt mich an dieser Stelle ein ganz persönliche Bemerkung machen: Für mich waren die letzten zwei Jahre sehr ernüchternd. Ich habe gelernt, daß man als einzelner Bürger letzten Endes ganz auf sich gestellt ist, man kann sich nicht darauf verlassen, daß die gewählten Repräsentanten in der Lage sind, vernünftig zu agieren oder wenigstens reagieren. Die großen Worte von 1990 haben sich als leer erwiesen.

Trotzdem, es gibt auch etwas Positives zu berichten. Die Menschen in Europa, unsere Brüder und Schwestern in der ganzen Welt haben sich anders verhalten als die meisten unserer Politiker (ein paar herausragende Beispiele wie die Bundestagsabgeordneten Stephan Schwarz und Dr. Christian Schwarz-Schilling gab es durchaus): Schon bevor die schlimmsten Bilder im Fernsehen erschienen, haben die Österreicher und Deutschen begonnen, Geld zu sammeln, Lebensmitteltransporte zu organisieren und Flüchtlinge aufzunehmen.

Unsere eigene Organisation begann ihre Arbeit in der Mitte von 1992, wir unterzeichneten Verträge und übernahmen die Verpflegung ganzer Lager. Private Initiativen von Saudi Arabien oder den Golf-Staaten haben Millionen gegeben, die EG und Deutschland haben eine Infrastruktur für Hilfsleistungen aufgebaut und Transporte organisiert. Und nicht zuletzt seid Ihr heute hierher gekommen, um mit uns gemeinsam an der großen Aufgabe zu arbeiten, den Menschen in dieser umkämpften Region zu helfen!

Ich möchte Euch nicht mit den ermüdenden Details der Gespräche mit Offiziellen von UNHCR oder dem Roten Kreuz langweilen, und ich werde nicht im einzelnen die Schwierigkeiten beschreiben, die sich ergeben, wenn wir unsere Lieferungen wirklich zu denen bringen wollen, für die sie bestimmt sind. Dafür haben wir ein Video über einen Transport mitgebracht.

Aber ich möchte einige Fragen beantworten, die immer wieder gestellt werden und die vielleicht auch Euch bewegen: Ja, einige der Nahrungsmittel kommen bei den Falschen an. Ja, einige Nahrungsmittel bleiben als "Zollzahlungen" an die Serben zurück. Ja, es ist wahr, daß Menschen die am Ende waren, uns angeschrien haben, daß es ihnen gleich ist, ob sie mit vollem oder mit leerem Bauch erschossen werden!

Aber das alles ist für mich kein Grund, mit der humanitären Hilfe aufzuhören, denn ich weiß, ohne Lebensmittel wird niemand überleben, wenn es morgen keine weiteren Attacken gibt.

Ich werde niemals das Gesicht des Jungen, der nur noch Haut und Knochen war, in einem Lager in Split vergessen. Er drückte zwei lange französische Weißbrote an seine Brust und trug sie vorsichtig über den Hauptweg des Camps. Das war alles, was seine ganze Familie für die nächste Zeit bekommen würde, aber seine Augen strahlten so glücklich, als wäre er im Himmel. Diese kleine Szene hat sich in mein Gehirn gebrannt, und das hat mich motiviert, weiter zu machen, und vielleicht wird es für Euch eine Motivation sein, uns zu helfen.

Wir müssen politisch aktiv werden!

Ich möchte zum Schluß kommen. Meine Bitte um Unterstützung beschränkt sich nicht darauf, für humanitäre Hilfe zu werben. Ich habe ganz bewußt so lange über den politischen Hintergrund gesprochen, denn dieser Krieg und die Zukunft von Bosnien-Herzegowina wird auf politischer Ebene entschieden - begleitet von der Berichterstattung in den Medien.

Bitte helft Bosnien-Herzegowina auch auf diesem Feld. Schreibt Eurem Congress-Abgeordneten, das Waffenembargo aufzuheben, schreibt zur Unterstützung von Bosnien-Herzegowina, schreibt Briefe an die Herausgeber von Zeitungen, an Eure Radio- oder Fernsehstation, wenn sie einseitig berichten. Laßt sie nicht davonkommen mit Geschichten, die offensichtlich falsch oder voreingenommen sind.

Ich bin davon überzeugt, daß Muslime und Nicht-Muslime in Frieden zusammen leben können - und "nur auf die beste Art" miteinander wettstreiten können, wie es der Qur'an vorschreibt. Aber das ist eine Frage der öffentlichen Erziehung, und diese ist unsere Aufgabe.

In Bosnien-Herzegowina haben wir gesehen, wie ein gut organisierter Feind, der die Techniken der Propaganda und Denunziation beherrscht, unbehelligt handeln kann. Wir können gegen unsere Feinde nur stark sein, wenn wir uns zusammenschließen und mit der Hilfe von Allah der Welt zeigen, daß der Islam eine Religion des Friedens ist.

Salman Rushdie und die Auschwitz-Lüge

Am Abend des Tages, an dem ich mein erstes Gespräch in der Botschaft von Saudi-Arabien hatte, sah ich im Fernsehen Berichte über die Fatwa von Khomeini und die Demonstrationen gegen Salman Rushdie. Ich war erschreckt und verwirrt. In den darauf folgenden Zeitungsartikeln und Kommentaren in den Medien fand ich jedoch wenig sachliche Information über Gründe und Hintergründe dieses Vorgangs. Am wichtigsten war es für mich, zunächst einmal Stellungnahmen aus dem islamischen Bereich zu erhalten, um mir ein Urteil darüber erlauben zu können, wie der Islam mit der Frage der Blasphemie umgeht. Die beiden großen Dachorganisationen des Islam in Deutschland, der "Islamrat" und der "Islamische Arbeitskreis"[45] - beides Zusammenschlüsse vieler islamischer Gemeinden und Vereine - gaben klare Stellungnahmen zum Fall Rushdie ab:

"Erklärung des Islamrates für die Bundesrepublik Deutschland und Westberlin: Der Islamrat für die Bundesrepublik Deutschland und Westberlin verurteilt die Mordkampagne der Gruppe um den iranischen "Revolutionsführer" Ruhollah Khomeini gegen den britischen Schriftsteller Salman Rushdie. Zwar vermag der Rat die Inhalte von Rushdie's Buch "Satanische Verse" in keiner Weise zu teilen, gleichwohl kann er aber die Morddrohungen aus Teheran nur mit Entschiedenheit verurteilen. Auch ist Ruhollah Khomeini in keiner Weise autorisiert, festzulegen, worin die "Pflicht eines jeden Moslem" besteht. Seit 1.400

Jahren wird im Westen Literatur mit anti-islamischer Tendenz veröffentlicht. Daß gerade jetzt diese Reaktion erfolgt, hat offensichtlich nicht religiöse als vielmehr tagespolitische Motive. Mit ihrer unerträglichen Kampagne fügt die Gruppe um Ruhollah Kho-meini dem Weltislam, insbesondere aber der mosle-mischen Diaspora, schweren Schaden zu." (Soest, den 21. 2. 1989)

"Arbeitskreis Islamischer Gemeinden in der Bundesrepublik Deutschland und West-Berlin zum Fall Rushdie: Das Buch 'Satanische Verse' von Salman Rushdie ist eine Blasphemie, die nicht nur Muslime angeht. Rushdie verletzt in besonderem Maße die Muslime in aller Welt, indem er weit jenseits jeder kritischen Auseinandersetzung mit seinen Beleidigungen und Schmähungen den Kern unseres Glaubens angreift und trifft.

Wir fordern die zuständigen Behörden in der Bundesrepublik Deutschland und West-Berlin auf, den Muslimen den Schutz des Paragraphen 166 des Deutschen Strafgesetzbuches nicht vorzuenthalten.

Als Muslime verteidigen wir im Sinne unserer aufklärerischen Religion die Freiheit der Meinung. Sie ist eine der Voraussetzungen der kritischen Auseinandersetzung, des weltoffenen Dialogs und des Fortschritts der Zivilisation.

In völliger Übereinstimmung mit der Freiheitstradition der abendländischen Rechtsstaaten sehen auch wir die Grenzen der Freiheit da, wo die Rechte und die Würde des anderen verletzt wird.

Der Fall Rushdie kann aus Gründen des internationalen Rechts und des geltenden Rechts unseres Staates aber auch aus unserer islamischen Überzeugung durch Morddrohungen und Verfolgungen nicht gelöst werden. Aufrufe zum Mord oder ähnliche Drohungen erfolgten und erfolgen nicht in unserem Namen." (Köln, 7. 5. 1989)

Berichte über die Haltung bedeutender sunnitischer Rechtsgelehrter und religiöser Institutionen, die leider keinen breiteren Niederschlag in der westlichen Presse hatten, stellten klar, daß es sich bei der Äußerung Khomeinis um eine Fatwa, ein Rechtsgutachten im islamischen Sinn handele, daß es jedoch nie ein ordentliches Gerichtsverfahren gegeben habe, mit Anklage, Beweisaufnahme, Verteidigung und Urteilsspruch, mit anderen Worten: es habe kein ordnungsgemäßes Verfahren gegen Rushdie gegeben und aus diesem Grund gebe es auch kein rechtskräftiges Urteil. Selbst wenn es ein Urteil gegeben hätte, wäre es nicht über Grenzen hinaus gültig und durch Individuen vollstreckbar.

Diese Klarstellungen zeigten mir, daß es im Islam grundsätzlich eine dem Westen entsprechende Gerichtsbarkeit gibt. Ich stellte mir jedoch weitergehend folgende Fragen:

- Auf welche Vorschriften im Qur'an kann sich ein derartiges Verfahren berufen?
- Kann ein islamisches Urteil über die Grenzen eines Landes hinaus wirksam werden?
- Wie ist das Verhältnis von Meinungsfreiheit und strafrechtlichen Vorschriften?

- Gibt es im deutschen Strafrecht entsprechende Vorschriften?

Das deutsche Strafrecht

Ein Blick in des deutsche Strafrecht zeigt, daß es auch in Deutschland Straftaten gibt, "welche sich auf Religion und Weltanschauung beziehen" und die "Störung der Religionsausübung" betreffen. Im § 166 StGB heißt es: "Wer öffentlich oder durch Verbreiten von Schriften (§ 11 Abs. 3) den Inhalt des religiösen oder weltanschaulichen Bekenntnisses anderer in einer Weise beschimpft, die geeignet ist, den öffentlichen Frieden zu stören, wird mit Freiheitsstrafe bis zu drei Jahren oder mit Geldstrafe bestraft.

Ebenso wird bestraft, wer öffentlich oder durch verbreiten von Schriften (§ 11 Abs.3) eine im Inland bestehende Kirche oder andere Religionsgesellschaft oder Weltanschauungsvereinigung, ihre Einrichtungen oder Gebräuche in einer Weise beschimpft, die geeignet ist, den öffentlichen Frieden zu stören."

In den Erläuterungen wird ausgeführt, daß diese Vorschrift den "öffentlichen Frieden", "in seiner religiösen und weltanschaulichen Ausprägung durch den Toleranzgedanken" schützt. Angriffsgegenstand ist das "religiöse" oder "weltanschauliche" "Bekenntnis" anderer.

Diese Aussagen geben klare Rechtsvorschriften wieder, die auch in Deutschland eine rechtliche Auseinandersetzung mit Rushdies Buch ermöglicht hätten. Allerdings machen die deutschen Vorschriften auch klar, daß es einen grundlegenden Unterschied zwischen der islamischen und der deutschen Grundlage eines

Blasphemieverfahrens gibt: Im deutschen Strafrecht werden das Bekenntnis des einzelnen und der "öffentliche Frieden" geschützt. Das ist für Muslime schwer verständlich, da der Islam davon ausgeht, daß Allah selber im Zentrum des Schutzes steht. Für Deut-sche wiederum ist es schwer vorstellbar, wie der Schutz Allahs normiert werden soll, bzw. wie ein Verstoß gegen das Gebot des Schutzes nachgewiesen werden kann. Eine Brücke zwischen der deutschen und der islamischen Rechtsvorstellung könnte jedoch die Aussage sein, die festlegt, daß diejenigen zu bestrafen seien, die "sich abkehren" (Sura 4:89), d.h. diejenigen, die die Gemeinschaft verlassen, womöglich offen gegen sie agitieren und damit den islamischen öffent-lichen Frieden stören.

Interessant sind - nebenbei gesagt - die Ausführungen in den erläuternden Vorschriften zu diesem Paragraphen, in denen zum zweiten Abschnitt des Paragraphen 166 festgestellt wird, daß dort Angriffsgegenstand im Inland bestehende Kirchen oder andere Religionsgemeinschaften sind, "gleichgültig, ob sie Körperschaften des öffentlichen Rechts sind" ... "so daß auch die anglikanische Kirche und die griechisch-orthodoxe ebenso geschützt sind wie die altkatholische, die griechisch-katholische Kirche ebenso wie die Heilsarmee ..., die Baptisten ... oder die Mennoniten ...".[46] Und damit ist diese Aufzählung beendet. Sie umfaßt die Juden, deren Religionsgemeinschaft den Status einer öffentlich-rechtlichen Körperschaft hat. Der Islam wird nicht erwähnt. Offensichtlich haben die Autoren dieses Kommentars noch nicht wahrgenommen, daß es Muslime in Deutschland gibt!

Die Antwort auf die Frage, ob es im Islam legitim ist, über Staatsgrenzen hinweg Menschen strafrechtlich zu verfolgen und zu verurteilen, fand ich im Qur'an in der Sura 4:89, dort heißt es:

"Wenn sie sich abkehren, dann greift sie und tötet sie, wo immer ihr sie findet, und nehmt euch niemanden von ihnen zum Freund oder Helfer, mit Ausnahme derer, die zu Leuten gelangen, zwischen denen und euch ein Vertrag besteht, oder zu euch kommen, weil Beklommenheit ihre Brust befallen hat, gegen euch zu kämpfen oder gegen ihre (eigenen) Leute zu kämpfen - und wenn Allah gewollt hätte, hätte Er ihnen Gewalt über euch verliehen, und dann hätten sie gewiß gegen euch gekämpft. Wenn sie sich von euch fernhalten und nicht gegen euch kämpfen und euch Frieden anbieten, dann erlaubt euch Allah nicht, gegen sie vorzugehen."

Mir wurde durch diese Aussage eindeutig klar, daß der Islam sehr wohl Staatsgrenzen bei der Verfolgung anerkennt und die staatliche Hoheit fremder Länder respektiert, wie anderes wäre sonst die Einschränkung der Verfolgung derer zu verstehen, "die zu Leuten gelangen, zwischen denen und euch ein Vertrag besteht"?

Mindestens ebenso wichtig waren für mich aber die Aussagen, die die Aufforderung zur Verfolgung und deren Aussetzung beinhalten. Die Forderung "Wenn sie sich abkehren, dann greift sie und tötet sie, wo immer ihr sie findet", gehört zu den Aussagen, die von westlichen Islamkritikern immer wieder zitiert werden, um zu zeigen, wie grausam und mittelalterlich der Islam ist. Sieht man von dem grundlegenden Dissens über Rechtfertigung und Sinn der Todesstrafe - die es auch im Westen in vielen Ländern gibt - ab, und ebenso von der Tatsache, daß es auch im Islam Lehrmeinungen gibt, die sagen, daß die Todesstrafe nicht in allen Fällen auch vollstreckbar ist, bleibt für mich festzuhalten, daß es für die Frage der Verfolgung in der zitierten Sura eine ganz klare Einschränkung gibt: Sie ist nur als Forderung zur Verteidigung zu verstehen, wenn es zu einem Angriff kommt! Denn, wenn "sie sich von euch fernhalten und nicht gegen euch kämpfen", ist es nicht erlaubt, gegen die Gegner vorzugehen!

Verfassungsschutz und Religionsschutz

Trotzdem mag der Gedanke an die Strafen für diejenigen, die den öffentlichen Frieden und die islamische Ordnung bekämpfen, für Nicht-Muslime erschreckend sein. Einige Bemerkungen sollen den Versuch machen, das islamische Bezugssystem zu verdeutlichen und diese Vorschriften in einen Zusammenhang zu stellen, der auch im Westen entsprechend besteht:

1. Für einen westlichen Nicht-Muslim ist es selbstverständlich, daß die freiheitlich-demokratische Grundordnung, wie sie in der Verfassung des Staates, in dem er lebt, festgelegt ist, zum schützenswerten Gut gehört.

2. Zum Schutz dieser Verfassung gibt es in Deutschland einen - je nach politischer Haltung unterschiedlich bewerteten - Verfassungsschutz: Der deutsche Staat (wie jeder westliche Staat auch) schützt sich - im Frieden und im Krieg - gegen "Verfassungsfeinde". Es gab bis vor einigen Jahren im Rahmen dieses Verfassungsschutzes sogar die sogenannte "Regelanfrage", bei der nachgefragt werden konnte, inwieweit Bewerber für das Beamtenverhältnis etwa "verfassungsfeindliche" Aktivitäten begangen haben.

3. Ein westlicher Nicht-Muslim lebt in einer Rechtsordnung, die die unterschiedlichsten rechtlichen Normierungen kennt: Familienrecht, Handelsrecht etc. und auch Kriegsrecht, das in der Regel besonders harte Normierungsvorschriften enthält.

4. Die Verfassung, die für den westlichen Menschen an erster Stelle steht, garantiert die Religionsfreiheit. Die Verfassung in der Bundesrepublik Deutschland ist zwar nicht wertfrei oder wertneutral, sondern sie bezieht sich ganz klar auf christliche Wertvorstellungen, dennoch besteht Religionsfreiheit: die Religion ist also etwas, das der Nicht-Muslim nach eigenem Empfinden wählen kann. (In den USA ist der Marktmechanismus der Religionen sogar so weit getrieben, daß viele Religionen zu kapitalistischen Gewinnmaximierungsbetrieben geworden sind.)

Der Islam hat einen entsprechenden Bezugsrahmen, der jedoch von anderen Voraussetzungen ausgeht: Der Qur'an ist Verfassung und Religionsgrundlage. Vorschriften zum Schutz des Islam sind also nicht entsprechend denjenigen Vorschriften zu sehen, die im Westen die Religion schützen, sondern sie entsprechen den Vorschriften, die eine westliche Verfassung schützen! Ein Nicht-Muslim, der diesen Unterschied nicht sieht und den Islam wie eine westliche Religion, die man frei wählen kann, sieht, kann die Vorschriften zum Schutz des Islam deshalb nicht richtig bewerten. (Man versuche einmal, sich zu verdeutlichen, welche Handlungsmöglichkeiten ein Nicht-Muslim im Westen hat, wenn ihm die Verfassung des Staates, in den er hineingeboren wird, nicht gefällt oder er mit seiner Staatsangehörigkeit nicht zufrieden ist.)

Was dem westlichen Verfassungsschutz "billig" ist, muß dem islamischen Verfassungsschutz "recht" sein. Mechanismen zum Schutz der islamischen Verfassung sind genauso legitim wie Mechanismen zum Schutz westlicher Verfassungen.

Friedensrecht und Kriegsrecht

Rechtliche Vorschriften im Qur'an sind zwar nicht wie rechtliche Vorschriften im Westen nach unterschiedlichen Bereichen klassifiziert, doch gibt es natürlich im Qur'an auch Vorschriften, die sich mit Familienrecht, Handelsrecht und Kriegsrecht beschäftigen. Wie im westlichen Fall sollte deshalb auch für den islamischen Bereich respektiert werden, daß im Falle eines Krieges ein verschärftes Recht gilt. Krieg ist definiert als der Fall, daß sich jemand aktiv gegen den islamischen Staat wendet. Ist dieses Kriterium nicht erfüllt, tritt auch das

Kriegsrecht mit seinen drakonischen Strafen nicht in Kraft!

Meinungsfreiheit über alles?

Im Westen geboren und erzogen, ist natürlich die Meinungsfreiheit eines der höchsten Güter für mich, und hinsichtlich Salman Rushdies fragte ich mich, ob es denn im Westen nicht doch das gibt, was westliche Nicht-Muslime dem Islam vorwerfen: eine gesetzmäßige Normierung, die die Meinungsfreiheit tatsächlich einschränkt, und somit der Westen ebenfalls das tut, was er im Fall Rushdie dem Islam vorwirft. Die Diskussion um die Strafbarkeit der Auschwitzlüge hat gezeigt, daß auch im Westen die Meinungsfreiheit nicht grenzenlos ist, daß es Sanktionen geben kann, wenn die Meinungsfreiheit zu Äußerungen benutzt wird, die geeignet sind, den öffentlichen Frieden zu stören. Der CDU-Politiker Horst Eylmann, bis 1994 Vorsitzender des Rechtsausschusses im Deutschen Bundestag stellt dazu fest:

"Schon bisher stellt der Paragraph 140 StGB die Billigung bestimmter schwerer Delikte unter Strafe, wenn sie geeignet ist, den öffentlichen Frieden zu stören, das heißt die Gewalt salonfähig zu machen. Die grundgesetzlich verbürgte Meinungsfreiheit stößt hier an ihre Grenzen."[47]

Nach Eylmann schränkt das Gesetz die wissenschaftliche Beschäftigung mit dem Holocaust nicht ein, es stellt nur seine Billigung, Leugnung oder Verharmlosung unter Strafe. Eylmann:

"Der Gesetzgeber muß sich fragen, ob diese Äußerungen über den nationalsozialistischen Völkermord das durch das Strafrecht geschützte ethische Minimum unseres Gemeinwesens verletzten. ... In einem Land, in dem der Antisemitismus schon einmal viel zu spät ernst genommen wurde, kann sich verantwortungsvolle Politik eine solche Attitüde liberaler Großzügigkeit nicht leisten. Hier bedarf der Wille, rechts- und linksextremen Anfängen zu wehren, auch der Bekräftigung durch das Strafrecht."[48]

Wenn in der Bundesrepublik Deutschland politischer Konsens besteht, daß es strafrechtliche Vorschriften geben muß, wenn durch die Leugnung des Holocaust der öffentliche Frieden gestört wird, dann sollte es auch akzeptierbar sein, daß in einem islamischen Staat die Meinungsfreiheit "an ihre Grenzen" (Eylmann) stößt, wenn das angegriffen wird, was für Muslime am wichtigsten ist: die Grundlagen der Religion - Allah und der Qur'an!

Anhang

Den Qur'an lesen und verstehen

Jedermann weiß, daß der Qur'an das offenbarte Wort Allahs ist. Was aber tatsächlich in ihm steht, wissen schon weit weniger Menschen im westlichen Kulturkreis. Den Qur'an wirklich zu verstehen ist jedoch auch für Menschen, die im Islam geboren wurden, eine lebenslange Aufgabe. Aus diesem Grund war es ein ziemlich gewagtes Unternehmen von mir, im Alleingang den Qur'an durchzuackern und zu glauben, ich hätte etwas verstanden. Schon beim Kauf machte ich aus Unwissenheit einen schweren Fehler: Ich kaufte eine völlig unkommentierte Ausgabe, in der Annahme, ich könne die Aussagen schon verstehen und in ihrer Bedeutung richtig erkennen. Heute weiß ich, daß auch der deutsche Text schlecht war, und ich kann nur dankbar sein, daß ich durch dieses Experiment nicht in die Irre gegangen bin.

Die Sprache des Qur'an

Einen hervorragenden Überblick über die Schwierigkeiten, die Bedeutung des Qur'an in eine andere Sprache zu übertragen, gibt Malise Ruthven in dem Buch "Seid Wächter der Erde! Die Gedankenwelt des Islam"[49] am Beispiel von vier unterschiedlichen Interpretationen einer Koranstelle. Da diese Aussagen sowohl treffend wie einzigartig sind, seien sie hier in aller Ausführlichkeit zitiert. Er schreibt:

"Die folgende Passage ist eine wörtliche Wiedergabe von Sure 79, Verse 1 bis 5.

By the rising ones sinkingly
By the lively ones actively
By the floating ones sublimely
And the racing ones taking precedence
And thus the managers commanding.

(wa-nazia't ghariqan
wa-naschitat naschatan
fa sabihat sabhan
wa sabiqat sabqan
fa'l mudaribat amran)

Die obige Passage wendet sich offensichtlich an Zuhörer, die mit dem *sadsch'*-Stil vertraut waren, dem sie sich annähert. Ein Merkmal dieses Stils und des Koranstils, der von jenem ausgeht, ist seine verdichtete Verknappung - nach Muhammad Asad ein Charakteristikum der Beduinensprache. Sie ist, so sagt er,

'... die Sprache von Menschen, deren geistige Vorstellungen mühelos von Assoziation zu Assoziation fließen, schnell aufeinanderfolgen und oft Gedankengänge verkürzend überspringen, als wären sie 'selbstverständlich', auf die Vorstellung hin, die sie erreichen wollen.'

Es ist unmöglich, so schließt Asad, Methode und inneren Sinn des Koran zu verstehen, ohne in der Lage zu sein, diesen Charakter assoziativen Denkens bis zu einem gewissen Grad in sich selbst nachzuvollziehen.

Der *sadsch'*-Stil des Koran setzt eine Vertrautheit mit dem Verhalten und den Anschauungen der Beduinengesellschaft voraus - und das so sehr, daß Passagen wie die oben zitierte ohne diese Kenntnis tatsächlich unverständlich sind. Es werden Vorgänge, keine Dinge beschrieben: Die fehlenden Substantive können nur erschlossen werden, indem man sich in die Beduinen-Umgebung zurückversetzt. Ohne eine solche phantasievolle Projektion erscheint A. J. Arberrys Übersetzung, eine der elegantesten im modernen Englisch, ganz bedeutungslos:

> By those that plucked out vehemently
> And those that draw out violently
> By those that swim serenly
> And those that outstrip suddenly
> By those that direct an affair.

Zweifellos von vielen persischen und babylonischen Vorstellungen beeinflußt, nahmen die mittelalterlichen Exegeten an, daß hier auf Engel hingewiesen wird, die sich mit den Seelen der Strebenden befassen. Die in diesem Sinne verfaßte Übersetzung von Dr. Yusuf Ali, 1934 erstmals veröffentlicht, ist von der Islamischen Stiftung von Großbritannien offiziell anerkannt:

> By the (angels)
> Who tear out
> (The souls of the wicked)
> With violence
> By those who gently
> Draw out (the souls)
> (Of the blessed)
> And by those who glide

Along (on errands of mercy)
Then press forward
As in a race
Then arrange to do
(The commands of their Lord)

Muhammad Asad (The Message of the Qur'an, Gibral-
tar 1980) folgt den frühesten Kommentatoren, ein-
schließlich Hasan al-Basri, der den Bezug zu Himmels-
körpern in Erwägung zieht. Seine Wiedergabe ist nicht
frei von übernatürlichen Engelsvorstellungen, entspricht aber überzeugend einer Wüstenumgebung, in
der die Nachthimmel ungewöhnlich glänzend sind:

Consider those (stars) that rise only to set
and move (in their orbits) with steady motion
and float (through space) with floating serene
and yet overtake (one another) with swift overtaking:
and thus they fulfill the (Creator's) behest!

Dieses eine Beispiel von drei verschiedenen Überset-
zungen einer einzigen Passage demonstriert die Inter-
pretationsprobleme, die durch den verknappten Stil des
Koran entstehen, der keineswegs nur auf die frühen Su-
ren beschränkt ist."

Der Qur'an und die Frauen

Eine der vielen "Gewißheiten" der westlichen Welt über den Islam lautet, daß er die Frauen unterdrückt. Auch ich hatte diese Aussage wieder und wieder gehört. Trotzdem ist es etwas anderes, ob man ein vielleicht falsches Zitat hört oder die entsprechende Stelle tatsächlich liest. So war ich doch ziemlich geschockt, als ich in meiner deutschen Fassung zum Thema Frauen in der Sure 2, Vers 228, den Satz las: "Die Männer stehen eine Stufe über ihnen." Da ich damals nicht wußte, wie ich mit dieser Aussage umgehen sollte, legte ich sie wie einige andere Fragen auf "geistige Wiedervorlage" und las zunächst einmal weiter.

Heute weiß ich, daß diese Aussage in vielen verschiedenen Variationen übersetzt wird und in der Übertragung von Muhammad Asad auf eine Art und Weise kommentiert wird, die sie in einen bestimmten rechtlichen Zusammenhang stellt, der meilenweit entfernt ist von der apodiktischen Aussage, daß die Männer eine Stufe über den Frauen stehen.

Zur Verdeutlichung seien hier mehrere Textvarianten der Sura 2:228 zitiert, die Übertragung von Muhammad Asad wird mit der dazugehörigen Erläuterung wiedergegeben.

Bei Adel Theodor Khoury heißt es:

"Die entlassenen Frauen haben drei Perioden lang zu warten. Es ist ihnen nicht erlaubt, zu verschweigen, was Allah in ihrem Schoß erschaffen hat, so sie an

197

Allah und den jüngsten Tag glauben. Ihre Gatten haben eher das Recht, sie während dieser Zeit zurückzunehmen, wenn sie eine Aussöhnung anstreben. Und sie haben Anspruch auf dasselbe, was ihnen obliegt, und dies auf rechtliche Weise. Die Männer stehen eine Stufe über ihnen. Und Allah ist mächtig und weise."

Die Übertragung von A. Yusuf Ali lautet:

"Divorced women
shall wait concerning themselves
For three monthly periods.
Nor is it lawful for them
To hide what God
Hath created in their wombs,
If they have faith in God and the Last day.
And their husbands
Have the better right
To take them back
In that period, if
They wish for reconciliation.
And women shall have rights
Against them, according
To what is equitable;
But men have a degree
(Of advantage) over them.
And God is Exalted in Power, Wise."

Muhammad Pickthall überträgt:

"Women who are divorced shall wait, keeping themselves apart, three (monthly) courses. And it is not lawful for them that they should conceal that which Allah hath created in their wombs if they are believers in Allah and the Last Day. And their husbands would do better to take them back in that case if they desire a reconciliation. And they (women) have rights similar to those (of men) over them in kindness, and men are a degree above them. Allah is Mighty, Wise."

Muhammad Asad überträgt:

"And the divorced women shall undergo, without re-marrying, a waiting-period of three monthly courses: for it is not lawful for them to conceal what God may have created in their wombs, if they believe in God and the Last Day. And during this period their hus-bands are fully entitled to take them back, if they desire reconciliation; but, in accordance with justice, the rights of the wives (with regards to their hus-bands) are equal to the (husband's) rights with regard to them, although men have precedence over them (in this respect). And God is almighty, wise."

und kommentiert:

"A divorced wife has the right to refuse a resumption of marital relations even if the husband expresses, be-fore the expiry of the waiting period, his willingness to have the provisional divorce rescinded; but since it is the husband who is responsible for the maintenance of the family, the first option to rescind a provisional divorce rests with him."

(Eine geschiedene Frau hat das Recht, die Wieder-
aufnahme ehelicher Beziehungen zu verweigern,
selbst wenn der Ehemann vor Ablauf der Wartefrist
wünscht, die Scheidung zurückzunehmen. Aber da es
der Mann ist, der für die Aufrechterhaltung der Familie verantwortlich ist, liegt die erste Option, eine
provisorische Ehescheidung aufzuheben, bei ihm.)

Hier wird also auf einmal verständlich, daß es sich
nicht um eine generelle Aussage handelt, daß Männer
eine "Stufe über den Frauen" stehen, sondern daß sich
diese Aussage auf einen bestimmten juristischen Fall
bezieht: die Ehescheidung. In diesem einen juristischen
Fall haben die Männer "die erste Entscheidung". Diese
Aussage, besagt also weder

- daß die Männer "über" den Frauen stehen noch
- daß es sich um eine generelle für alle Lebenssituationen geltende Regel handelt!

Mit den Augen eines Europäers:
Der Qur'an, gelesen im 20. Jahrhundert

Jugend im Nachkriegs(west)deutschland hieß für mich:
Aufwachsen in einem klar definierten Wertesystem.
Die Leitbegriffe hießen Freiheit und Demokratie, Menschenrechte und individuelle Verantwortung. Daß die
westlichen Demokratien unsere Verbündeten sind, war
selbstverständlich, ging es doch darum, gegen den
Feind - Sozialismus und Kommunismus - im Ostblock
stark zu sein. Die Auseinandersetzung mit den Kommunisten im Ausland und den Linken im Inland brachte

zusätzliche Klarstellungen: Mit Demokratie war eine repräsentative Demokratie gemeint, keine direkte; individuelle Freiheit war der Gegenbegriff zum Kollektivismus. Die in der Vergangenheit überbetonte Bedeutung des Begriffes Nation wurde modifiziert durch die Forderung, die Grenzen aufzuheben für ein vereintes Europa.

Der Qur'an, das vor 1400 offenbarte Wort Allahs, ist gültig für alle Zeiten und für alle Menschen. Er galt zur Zeit des Propheten Muhammad genauso, wie er heute und in Zukunft gilt; er gilt für Indonesien genauso wie für die arabische Halbinsel und Europa.

Junge Muslime, die in einer islamischen Familie aufwachsen, erfahren die Inhalte des Qur'an vermittelt durch ihre Familien, jeweils in einer ganz bestimmten Tradition.

Wenn nun ein junger Europäer, aufgewachsen im und fest verbunden mit dem Wertesystem westlicher Demokratien, den Qur'an liest - und seinen Inhalt durch den Gebrauch mehrerer Übertragungen und mit Hilfe guter Kommentare zumindest in gewissem Umfang versteht - ergibt sich die spannende Konfrontation eines vor 1400 Jahren offenbarten Textes mit der Denktradition des europäischen 20. Jahrhunderts, und es stellt sich die Frage, wie der junge Europäer das empfindet, was er liest.

Völlig unvoreingenommen von Vorurteilen und einseitigen Beurteilungen, las ich den Qur'an mit großer Neugier. Es war für mich selbstverständlich, daß er eine grundsätzliche Rechtssetzung für alle Menschen war, und ich fand vieles, was zentralen Grundprinzipien meiner westlichen Erziehung vergleichbar war:

- Rechtsgrundlage für alle Menschen

Im Westen wird die Magna Charta des Jahres 1215 als das große Dokument gefeiert, das die Rechtssicherheit zumindest aller (damals) "Freien" verbrieft und auch den König auf die Einhaltung des geltenden Rechts verpflichtet. Ich hatte überhaupt keine Probleme, den Qur'an in diesem Sinne als Rechtsgrundlage anzuerkennen, die alle Menschen zur Einhaltung der gegebenen Vorschriften verpflichtet - und das rund 600 Jahre vor der Magna Charta.

Hier einige weitere Beispiele von Aussagen, in denen ich Grundsätze meiner eigenen Erziehung aus dem 20. Jahrhundert erkennen konnte:

- Unverletzbarkeit der Wohnung

"Und Frömmigkeit besteht nicht darin, daß ihr durch die Hinterseite in die Häuser geht. Frömmigkeit besteht darin, daß man gottesfürchtig ist. Geht also in die Häuser durch ihre Türen." (Sura 2:189)

"O ihr, die ihr glaubt, betretet nicht Häuser, die nicht eure (eigenen) Häuser sind, bis ihr euch bemerkbar gemacht und ihre Bewohner begrüßt habt. Das ist besser für euch, auf daß ihr es bedenket. Wenn ihr niemanden darin findet, dann tretet nicht ein, bis man es euch erlaubt." (Sura 24:27/28)

Diese Aussage bedeutete für mich die Bestätigung des mir vertrauten Prinzips der Unverletzbarkeit der Wohnung und des Schutzes der Privatsphäre.

Besonders interessant fand ich, bezogen auf die deutsche Hausbesetzerszene, die an die oben zitierte Aussage anschließende Stelle:

"Es ist für euch kein Vergehen, unbewohnte Häuser zu betreten, in denen sich eine Nutznießung für euch befindet." (Sura 24:29)

Man stelle sich vor, die "Sozialbindung" des Eigentums bei uns schlösse ein, daß Wohnraum nicht ungenutzt vergammeln darf, andernfalls besteht das Recht, sich diese Wohnung einfach zu nehmen!

- Individuelle Verantwortung

Für mich als jungen Europäer, dem die individuelle Freiheit das wichtigste Gut bedeutete, waren jene Aussagen von höchster Bedeutung, die sich auf die individuelle Verantwortlichkeit des Menschen vor Allah beziehen.

"Ein jeder haftet für das, was er erworben hat." (Sura 52:21)

"Sei geduldig, bis dein Herr sein Urteil fällt. Du stehst vor unseren Augen. Und sing das Lob deines Herrn, wenn du dich hinstellst." (Sura 52:48)

"(Nämlich), daß keine lasttragende (Seele) die Last einer anderen tragen wird. Daß für den Menschen nur das bestimmt ist, wonach er strebt, daß sein Streben sichtbar werden wird und daß ihm hierauf voll dafür vergolten wird." (Sura 53:38 - 41)

- Die Gemeinschaft der Gläubigen

Als logische Entsprechung zu den Aussagen über die individuelle Verantwortung des Menschen empfand ich die Aussagen über die Bedeutung der Gemeinschaft der Gläubigen, denn nicht nur aus dem Grundsatzprogramm der CDU war mir die Definition des Menschen als Individuum, das die Gemeinschaft braucht, um sich voll entfalten zu können, geläufig.

"Und so haben Wir euch zu einer in der Mitte stehenden Gemeinschaft gemacht, auf daß ihr Zeugen seid über die Menschen und daß der Gesandte Zeuge sei über euch." (Sura 2:143)

"Ihr seid die beste Gemeinschaft, die je unter den Menschen hervorgebracht worden ist. Ihr gebietet das Rechte und verbietet das Verwerfliche und glaubt an Allah." (Sura 3:110)

Daß die Aussagen zur individuellen Verantwortlichkeit die eine Seite der Medaille des islamischen Zusammenlebens sind und Aussagen zur Gemeinschaft der Gläubigen die andere, war für mich nur logisch und folgerichtig, denn, wie oben erwähnt, braucht jedes Individuum die soziale Bindung an die Gemeinschaft.

- Tibi und der Vorwurf des islamischen Kollektivismus

Ich war deshalb mehr als überrascht, als ich in Bassam Tibis Buch "Die Verschwörung - Das Trauma arabischer Politik" Thesen las, in denen behauptet wird, daß der Islam das Individuum nicht kenne sondern stattdessen von einem Kollektiv ausgehe:

"Weil es im Islam im Gegensatz zu Europa keine Individuation, d. h. keine Bestimmung des Menschen als freies Individuum bzw. Subjekt gegeben hat, geht die arabo-islamische Denkweise von einem Kollektiv, von der Umma aus; in ihr gibt es keinen Platz für das einzelne Individuum, zumal Prozesse der Individuation in der islamischen Geschichte weder gedacht wurden noch realhistorisch stattgefunden haben."[50]

Noch größer wurde meine Verwunderung, als ich feststellte, daß er in seinen weiteren Ausführungen keine Belege für diese These anführt. Stattdessen stellt er wenige Zeilen später fest, daß es dieses "Verständnis eines Kollektivs" aller Muslime zwar gegeben habe, daß aber dieses Verständnis in der islamischen Geschichte oft keine reale Entsprechung hatte:

"Auf diesem kulturell begründeten islamischen Verständnis eines einheitlichen und homogenen Kollektivs aller Muslime, das in der islamischen Geschichte angesichts der religiösen Sektenbildung und der tatsächlich existierenden Vielfalt im Islam oft keine reale Entsprechung hatte, basiert die arabo-islamische Denkweise ..."[51]

Ich muß gestehen, daß ich diese Aussagen verwirrend finde und sich mir eine Reihe von Fragen stellen: Wenn die Muslime sich immer als Teil der Umma verstanden, wurden die geschichtlich wirkenden Entscheidungen denn nicht trotzdem von Individuen gefällt? Werden nicht z. B. die vier ersten Kalifen als Individuen, die auf besondere Art von Allah geleitet wurden, als Beispiele für rechtgeleitetes Handeln angesehen? Ist nicht der Prophet Muhammad selbst das Individuum par excellence, nach dessen Handlungen sich alle Muslime überall und zu allen Zeiten orientieren? Wie Tibi aus dieser islamischen Tradition großer individueller Vorbilder eine Theorie des islamischen Kollektivismus herleitet, kann ich nicht nachvollziehen.

Hier kann nicht der Platz sein, Motivforschung zu betreiben, wie Tibi zu solchen "Erkenntnissen" kommt und warum er sie in sein Buch aufgenommen hat. Klar ist jedoch, daß diese Aussagen zum Sprengstoff werden können, wenn sie z. B. in die Hände von Politikern - oder ihrer Redenschreiber - fallen, die keine vertieften Kenntnisse des Islam haben. Bei Heiner Geißler liest sich das dann so: "Man beruft sich häufig auf alte Philosophen der arabischen Welt, die in der Tat die europäische Philosophie beeinflußt haben. Aber diese Philosophen waren schon damals Außenseiter, die sich mit ihrer arabischen Individualethik gegenüber der umma-Ideologie, wonach der einzelne im Grunde nichts zu sagen hat, sondern nur die Gemeinde, nicht durchsetzen konnten. Das ist nichts anderes als religiös verbrämter Kollektivismus, wie wir ihn anderswo auch schon erlebt haben. Ich gehe damit in der Kritik an einer anderen Religion sehr weit. Aber hinsichtlich der Menschenrechte darf es keine Tabuzonen geben."[52] Hier werden Muslime so pauschal und unverantwortlich des Kollektivismus bezichtigt, daß man sich nicht wundern muß, wenn daraus ein neues Feindbild und eine neue Kreuzzugsmentalität entstehen!

Alle weiteren Texte, die ich zu diesem Thema las, bestärkten mich in der Erkenntnis, daß der Islam durchaus eine starke Individualethik in sich birgt und der Vorwurf des Kollektivismus absurd ist. So stellt Albrecht Noth z.B. zum Thema "djihad" in einem Artikel unter der Überschrift "Der individuelle Kampf" fest:

"Zunächst und grundlegend: Dschihad ist nicht gleich 'Heiliger Krieg'. Allenfalls mit der Verwendung des Wortes 'heilig' kann man sich noch abfinden, wenn klar ist, daß man damit 'religiös verdienstvoll' meint. 'Krieg' dagegen ist völlig irreführend, weil Dschihad eine auf das Individuum bezogene Tätigkeit bezeichnet, genau: 'das sich Bemühen', meist mit dem Zusatz 'für Gottes Sache unter Einsatz von Gut und Leben'. Subjekt dieses 'sich Bemühens' ist immer der einzelne Muslim, nicht etwa eine Institution wie z.B. der Staat. Die Tätigkeit Dschihad, für die es bezeichnenderweise auch keinen Plural gibt, ist somit von völlig anderer Qualität als das - im Arabischen natürlich auch vorhandene - Wort 'Krieg'. Unter 'Krieg' läßt sich ja wohl gemeinhin ein größeres bewaffnetes Unternehmen verstehen, das Organisation verlangt, von einer politischen Formation gleich welcher Art getragen wird, durch eines oder mehrere (Kriegs-)Ziele bestimmt und begrenzt wird; 'Krieg' kann auch ein längerer Zustand werden. Nichts davon wird durch den Begriff 'Dschihad' abgedeckt oder vorausgesetzt. Das 'verdienstvolle Kämpfen eines Muslims für die Sache Gottes' kann natürlich mit Krieg verbunden sein, ist aber jederzeit auch außerhalb dieses Rahmens denkbar. Das Wissen von dieser Individualbezogenheit des Dschihad ist im übrigen die erste unerläßliche Voraussetzung für das Verständnis des gesamten Dschihad-Konzeptes, seiner Inhalte, Ausformungen und möglichen Folgen."[53]

Festzuhalten bleibt aber auch, daß sich in der Tat innerhalb der islamischen Entwicklung ein Spannungsverhältnis zwischen Individualismus und Gruppenbindung entwickelt hat:

"Es tritt neben den ursprünglich gegebenen Individualismus des Heilsgewinns der Heilsgewinn unter den Augen der übrigen Gläubigen und des Propheten. Unmerklich, aber unaufhaltsam ändert sich das Verständnis der Gemeinde von sich selbst. Sie ist nicht mehr so sehr eine Gruppe von im Inneren umgestalteten Einzelnen, die sich zum rituellen Gebet vereinen und damit jeden Tag ihre innere Wende aufs neue unter Beweis stellt. Sie wird vielmehr zu der Gemeinschaft der Gläubigen, die sich anschickt, den Willen Gottes auf Erden zu vollstrecken."

und:

"Wir wissen nicht genau, unter welchen Umständen sich die Begriffe 'Islam' und 'Muslime' als Bezeichnung für den neuen Glauben und seine Anhänger durchsetzten. Doch deutet sich in dieser Entwicklung an, daß die Annahme, schon die Zugehörigkeit zur Gemeinde des Propheten und der bloße Vollzug gewährleiste den Heilserwerb, gegenüber der Idee von der Verpflichtung zu individueller Heilssicherung an Anziehungskraft gewann. Aus der nicht zu lösenden

Spannung zwischen beiden Auffassungen empfing die islamische Theologie immer wieder Anstöße, über das Verhältnis zwischen Gott und Mensch nachzusinnen."[54]

Diese Aussage, die ein klares Spannungsverhältnis belegt, scheint mit redlicher als der Kollektivismusvorwurf von Bassam Tibi.

- Apologetische Eindeutung?

Nach mehrfacher Lektüre des Qur'an war ich zu dem Schluß gekommen, daß die Aussagen der göttlichen Botschaft durchaus den geistigen Koordinaten entsprachen, die die Grundlage für meine Erziehung waren. Ich fiel aus allen Wolken, als ich in dem Kapitel "Islamischer Rechtskodex versus menschenrechtliche Universalität" in dem Buch "Die Universalität der Menschenrechte" von Ludger Kühnhardt las, daß ich mich der apologetischen (rechtfertigenden) Eindeutung westlicher Ideen in den Islam schuldig gemacht hatte!
Kühnhardt beruft sich bei seinen Aussagen auf Steinbach, der feststellt:

"In dem Versuch, apologetisch die Zeitgemäßheit der rechtlichen, institutionellen, gesellschaftlichen und ideologischen Aspekte des islamischen Gesamtsystems zu 'erkreisen', werden dabei die 'Menschenrechte' als der islamischen Lehre immanent angesprochen."[55]

Ich war erschrocken: Als "junger" Muslim hatte ich nichts anderes getan als versucht, die Botschaft des Qur'an so gut wie möglich zu erfassen. Dabei war ich zu dem Ergebnis gekommen, daß er keine Aussage oder Vorschrift enthielt, die es mir unmöglich machte, Muslim zu werden. Natürlich rieb ich mich an einigen Aussagen, aber erstens war ich auch als deutscher Staatsbürger nun wirklich nicht mit allem einverstanden, was mir mit unseren Gesetzen abverlangt wurde, und zweitens konnte ich mich auch bei meinem Unbehagen über einige Aussagen des Qur'an auf das große Vorbild, den Propheten Muhammad berufen, der sogar mit Allah um einige Aussagen gerungen hat.

Nun mußte ich mich auf einmal mit dem Vorwurf auseinandersetzen, etwas in den Qur'an hineingelesen zu haben, was gar nicht darin steht. Besonders deutlich wurde und wird das immer wieder beim Begriff der Menschenrechte:

- Menschenrechte - ein Begriff - zwei Deutungen

Dem Vorwurf des "Hineinlesens" stelle ich heute entgegen, daß es durchaus gleichberechtigte Deutungsmöglichkeiten für Begriffe geben kann und muß. Ich kann mich dabei auf einen der unbestritten (wenigen) großen Denker der CDU berufen: Kurt H. Biedenkopf. Zu Beginn seiner Amtszeit in den frühen siebziger Jahren suchte er die Auseinandersetzung mit der SPD um die Kernbegriffe der französischen Revolution: Freiheit, Gleichheit Brüderlichkeit (heute neudeutsch: Solidarität). Biedenkopf reklamierte im Zusammenhang mit der Diskussion des ersten Grundsatzprogrammes diese

210

Begriffe für die CDU, indem er insbesondere den Begriff der Solidarität neu interpretierte: Nicht länger als Solidarität einer Klasse gegen die andere, sprich: Kapital gegen Arbeit, sondern als Solidarität der Starken gegenüber den Schwachen. Und er leitete daraus auf neue Weise die grundlegende Forderung der Politik der Sozialen Marktwirtschaft ab, daß die Wohlhabenden verpflichtet seien, aus "Solidarität" mit den nicht so Wohlhabenden etwas von ihrem Reichtum abzugeben. In der SPD und in breiten Teilen der Medien gab es einen Aufschrei über diesen frechen intellektuellen "Diebstahl" eines zentralen Begriffes der deutschen Sozialdemokratie.

Übertragen auf die Islamproblematik müßten seine Kritiker gesagt haben, er habe christliche Inhalte apologetisch in den Begriff Solidarität hineingedeutet. Doch Biedenkopf hatte nichts anderes getan, als diesem Begriff in den Gesamtzusammenhang der Programmatik der CDU zu stellen. Keiner kam damals auf die Idee, ihm "Werte-Relativismus" zu unterstellen, wie es heute immer wieder Autoren geschieht, die sich dagegen wehren, daß der Westen seine gedanklichen Konzepte als universell darstellt und stattdessen auf Inhalten ihrer Religion und ihres Kulturkreises bestehen!

Heute bin ich zu dem Schluß gekommen, daß es sich bei der Behauptung der "apologetischen Eindeutung" um ein großes Mißverständnis "westlicher Denker" handelt: Es kann einem Muslim gar nicht darum gehen, in den Qur'an westliche Gedanken und Begriffe hineinzudeuten oder nachzuweisen, daß der Islam so "fortschrittlich" ist, wie die westliche Gesellschaftstheorie! Ein Muslim wird gar nicht auf die Idee kommen, die

Botschaft Allahs an Begriffen westlicher Philosophie und Sozialkunde messen zu wollen! Für mich als jungen Europäer und jungen Muslim ist allein wichtig:

1. Der Qur'an enthält viele Begriffe und Vorschriften, die denen entsprechen, mit denen ich aufgewachsen bin. Ich sage bewußt "entsprechen", denn die Inhalte der islamischen und westlichen Begriffe sind nicht identisch, begründen aber entsprechende Verhaltensweisen.

2. Der Qur'an enthält viele Regeln, die dem entgegensteuern, was in westlichen Gesellschaften inzwischen aus dem Ruder gelaufen ist: totale Individualisierung ohne jegliche Sozialbindung, Hedonismus, Egoismus bis zur Selbstzerstörung. Ich halte die Befolgung dieser Regeln nicht nur für meine Pflicht, sondern auch für den Westen für nachahmenswert und hilfreich!

3. Der Westen sollte aus diesem Grunde aufhören, die Universalität seines Wertesystems zu behaupten und durchsetzen zu wollen! Der Westen behauptet, aufgeklärt und tolerant zu sein. Stattdessen ist an die Stelle der militärischen und ökonomischen Kolonialisierung der Welt durch den Westen nun der geistige Imperialismus getreten! Der Westen wird den Respekt der Muslime erst erhalten, wenn er ihre Andersartigkeit respektiert und damit den Beweis seiner tatsächlichen Toleranz erbringt.

Die Zukunft des Islam in Deutschland

(Vortrag Köln, August 1993)

Liebe Schwestern,
liebe Brüder,

über die Einladung, heute hier zu Euch über die Zukunft des Islam in Deutschland sprechen zu können, habe ich mich sehr gefreut. Ich möchte den Veranstaltern ganz herzlich dafür danken und ich hoffe, daß ich mit Allahs Hilfe Eure Erwartungen nicht enttäuschen werde.

Ich bitte um Verständnis, daß ich auf Deutsch sprechen werde, da ich zwar gelernt habe, meine Gebete auf arabisch zu sprechen, darüber hinaus aber leider des Arabischen nicht mächtig bin.

Zur Lebenslage eines "jungen" Muslims

Eine der schönsten Geschichten, die ich hörte, als ich begann, mich mit dem Islam zu beschäftigen, lautet: Jeder Mensch wird als Muslim geboren und es sind erst seine Eltern, die ihn als "Nicht"-Muslim erziehen. Wenn so ein Mensch sich dann im Laufe seines Lebens zum Islam bekennt, kehrt er also zurück zu seiner ursprünglichen Bestimmung.

In diesem Sinne, meine lieben Brüder und Schwestern, sind wir also gleich. Doch es wäre nicht richtig, zu verschweigen, daß natürlich auch Unterschiede zwischen uns bestehen: Es wird sicher noch Jahre dauern, bis ich - oder allgemein gesprochen, bis ein Mensch, der sich erst im Lauf seines Lebens zum Islam bekennt - so viel über Qur'an und Sunna weiß, wie ein Mensch, der im Islam aufwächst.

Dieser Unterschied macht sich auch - wie ich inzwischen in vielen Gesprächen erfahren habe - in einer unterschiedlichen Weltsicht bemerkbar und in einer unterschiedlichen Art und Weise, an Probleme und ihre Lösungen heranzugehen: Ich habe manchmal das Gefühl, so zu sein wie die ersten Muslime, die - lange bevor der Qur'an niedergeschrieben und in allen seinen Deutungen erfaßt wurde und lange bevor die Sunna des Propheten Muhammad, der Friede Allahs sei mit ihm, aufgezeichnet wurde - in unmittelbarer und ungestümer Freude über ihren Glauben aus ihrer gewohnten Umgebung hervortraten. Sie überzeugten Freunde, Nachbarn und Bekannte, die umliegenden Stämme und Völker mit einer ganz neuen Sicht der Dinge, so wie es ihnen ihre ganz ursprüngliche, neugewonnene Glaubensvorstellung richtig erscheinen ließ.

Ich weiß, daß ich mich im Wissen um den Islam in keiner Weise mit Euch messen kann. Ich hoffe jedoch, daß ich Euch, wenn ich heute mit Euch einen Gang durch die deutsche Geschichte und Gegenwart mache, bevor wir gemeinsam einen Blick auf die Zukunft des Islam in Deutschland werfen, Neues vor Augen führen kann. So wie die Söhne und Enkel des Propheten, der Friede Allahs sei mit ihm, Neues sahen, als sie von Mekka ausgehend über den Norden Afrikas bis hin nach Spanien stürmten. Sie brachten nicht nur einer bestehenden Welt eine neue Religion, sondern sie brachten der neuen Religion auch die bestehenden Stämme und Traditionen der Welt, die ihre neue Heimat wurde.

Geistige und politische Strömungen in der Vergangenheit in Deutschland

Bevor wir uns über die Zukunft des Islam in Deutschland unterhalten, müssen wir uns etwas mit der geistigen Grundstimmung dieses Landes beschäftigen, so wie sie durch den Lauf der Geschichte entstanden ist.

Und wir müssen uns beschäftigen mit den politischen Gegebenheiten, dem Umfeld, in dem wir uns heute bewegen.

Deutschland - Ort der Bewunderung für den Islam

Über Jahrhunderte hinweg hat der Islam in Deutschland viele Bewunderer gehabt. Das Werk des größten deutschen Dichters, Johann Wolfgang von Goethe, ist ohne die Kenntnis seiner Bewunderung für alles Arabische und das Wissen um die Einflüsse des Islam überhaupt nicht zu verstehen. Unübersehbar sind die Annäherungen seiner Dichtung an wichtige Aussagen unserer Religion und das Land ihres Ursprungs. Nur drei Textstellen seien hier stellvertretend zitiert:

> "Wer sich selbst und andre kennt
> wird auch hier erkennen:
> Orient und Okzident
> Sind nicht mehr zu trennen."

"Gottes ist der Orient!
Gottes ist der Okzident!
Nord- und südliches Gelände
Ruht im Frieden seiner Hände!"

Und schließlich:

"Närrisch, daß jeder in seinem Falle
Seine besondere Meinung preist!
Wenn Islam Gott ergeben heißt,
Im Islam leben und sterben wir alle!"[56]

Neben Goethe war es Rückert, der durch seine Übertragung der Bedeutung des Koran in die deutsche Sprache den Deutschen die Inhalte des Islam erschloß.

In heutiger Zeit sind es z. B. Annemarie Schimmel und Sigrid Hunke, die, jede auf ihre Weise, sich mit den Inhalten unserer Religion auseinandersetzen und ihre Bedeutung vermitteln.

Deutschland - Heimat von Nietzsche und Marx

Deutschland ist jedoch auch das Land von Marx, Nietzsche, Horkheimer und Adorno. Nietzsche hat mit seiner Behauptung "Gott ist tot!" die Grundlage für einen Nihilismus gelegt, der jegliche Werte verneint. Und Marx hat mit seinen Schriften die Grundlagen für Sozialismus und Kommunismus gelegt, die uns von 1917 bis 1990 politisch begleitet haben.

In den späten sechziger Jahren dieses Jahrhunderts waren es u.a. die Professoren Adorno und Horkheimer, mit anderen Worten, die Frankfurter Schule, die die Grundlage gelegt haben für viele Fehlentwicklungen, unter denen die heutige Gesellschaft in Deutschland zu leiden hat: Dazu gehören z. B. die radikale Infragestellung jeglicher Autorität, das Umsichgreifen einer rein materialistischen Lebenseinstellung, das Vertrauen in sozialistische Lösungsmodelle und die negative Bewertung der Familie für die Entwicklung des Menschen.

Dieser kurze geschichtliche Rückblick bringt mich schon zur Beschreibung unserer Gegenwart:

Geistige und politische Strömungen der Gegenwart in Deutschland

Im großen und ganzen gesehen, kann man in Deutschland heute zwei unterschiedliche Denkrichtungen sehen:

Bei der ersten Gruppe haben Marx und die sozialistischen Denker unübersehbar ihre Spuren hinterlassen: Sie läßt sich dadurch charakterisieren, daß sie herkömmliche Werte in Frage stellt, in Konfliktschablonen denkt: die Schwachen kämpfen gegen die Starken; ihr Denkansatz ist universell, global, gleichmacherisch; der Ausländer in Deutschland ist der Kollege und Kumpel, seine Anwesenheit beschert uns eine multikulturelle Gegenwart - doch wehe, wenn der Ausländer den Antrag auf Genehmigung einer Moschee einreicht. Dann erinnern sich die Menschen dieser Gruppe an ihr antireligiöses Erbe, denn Marx hatte ja gesagt, Religion ist

Opium für das Volk, und aus Angst vor den "Fundamentalisten", die noch dazu den Frauen die gleichen Rechte verwehren, wird die Moschee abgelehnt.

Die andere Seite in der deutschen Gesellschaft wird bestimmt von einer Gruppe, die die Fahne des säkularisierten Staates hochhält, dabei aber eisern für religiöse (christliche) Werte eintritt und diese als Basis für ihre Politik ansieht. Die Mitglieder dieser Gruppe sind europäisch und international, aber sie denken auch stark in Kategorien wie Deutschland, Heimat und Patriotismus. Ihr Ansatz ist nicht konflikttheoretisch, sondern gemeinschaftsorientiert: Solidarität ist z. B. nicht die Solidarität einer Klasse im Klassenkampf, sondern die Solidarität der Starken mit den Schwachen.

Beide Gruppen sind keine natürlichen Partner der Muslime:

- die multikulturellen Ideen der einen Gruppe werden durch areligiöse Grundeinstellungen überlagert
- im religiös orientierten Lager dominieren christliche Werte, es besteht allenfalls eine Sympathie für das sogenannte "judäo-christliche Erbe", und die Grundtendenz ist eher anti-islamisch.

Die Zukunft des Islam in Deutschland

Wer nach dieser Situationsbeschreibung nach der Zukunft des Islam in Deutschland fragt, wird zunächst zu dem Schluß kommen, daß die Lage nicht eben rosig erscheint. Doch halt, wir sollten uns zunächst auf etwas besinnen:

Der Islam ist, d.h. er besteht - völlig unabhängig von Menschen, geographischen und historischen Situationen durch die Gegenwart und den Willen Allahs.

Der Islam in Deutschland ist aber auch das, was die Menschen, d.h. die Nichtmuslime von ihm wahrnehmen!

Und damit komme ich zu meiner zentralen Forderung für die Zukunft des Islam in Deutschland: Wir müssen sichtbar werden! Wir müssen unser Erscheinungsbild selber gestalten! Wir müssen die Botschaft des Islam klar und verständlich nach Deutschland bringen!

Was über uns Muslime berichtet wird, sei es aus Deutschland oder aus dem Ausland, ist in den meisten Fällen falsch, tendenziös oder einseitig. Ich lasse offen, ob durch Unwissenheit oder bösen Willen - beides ist im Ergebnis für uns gleichermaßen schlimm.

Doch was tun wir dagegen, wie ist unsere Lebenssituation? Ich übertreibe jetzt etwas: Der Muslim der ersten Generation geht jeden Tag zur Arbeit, seine Frau kauft im Laden eines anderen Muslim der ersten Generation, in der Regel findet die Begegnung mit der Außenwelt nur über die Kinder in der Schule statt. Muslime unterschiedlicher nationaler Herkunft beten in ihrer Moschee in einem Hinterhof, einer alten Schreinerei, einem umgebauten Ladenlokal, Orte, die manchmal selbst für deutsche Muslime schwer zu finden sind.

Wie soll bei dieser Ausgangslage irgendein deutscher Bürger sich ein Bild über Muslime machen, das sich von dem unterscheidet, das ihm täglich von den Medien geliefert wird? Wenn wir die beste aller Gemeinschaften sind, wenn unsere Familien intakt sind, wenn das Problem des blauen Montags nach einem versoffenen Wochenende für uns nicht existiert, wenn wir in finanziellen und gesundheitlichen Notlagen zusammenhalten, dann ist das meiner Meinung nach angesichts der Lage dieser deutschen Gesellschaft vorbildlich. Nur ein Vorbild ist kein Vorbild, wenn es nicht anderen als Bild vor Augen steht.

Ich weiß, so etwas ist nicht leicht, und ich könnte mir vorstellen, daß es überhaupt nur für diejenigen von uns möglich ist, die sich als zweite oder dritte Generation auch mit ihren deutschen Nachbarn tatsächlich gut verständigen können. Selbst dann ist es nicht leicht, wie ich aus eigener Erfahrung berichten kann: Die Mauer der Unwissenheit ist hoch und die Möglichkeiten beruflicher oder gesellschaftlicher Sanktionen oder Angriffe sind immer gegenwärtig. Doch erst seitdem ich mich offen als Muslim bekenne, kann ich mit Kollegen, Freunden und Nachbarn über den Islam reden - und ich tue das, weil ich ihr Interesse spüre.

Wir dürfen nicht vergessen, jedes gute Gespräch über den Islam ist zugleich eine Einladung zum Islam - und wenn nur ein einziger unserer Gesprächspartner diese Einladung annimmt, haben wir mehr für die Zukunft des Islam getan als alle unseren frommen Handlungen im Verborgenen bewirken können!

Einen besonders wichtigen Grund, mit Christen und anderen Nachbarn ins Gespräch zu kommen, bietet uns - über unsere eigenen Probleme hinaus - der grausame Krieg in Bosnien-Herzegowina: Kein Mensch in diesem Land kann die Augen vor diesen Greueltaten verschließen, die Notwendigkeit von Hilfsleistungen leugnen und sich der Forderung nach einem Ende des Krieges entziehen. Wir Muslime müssen die deutsche

Öffentlichkeit von unserem Anliegen überzeugen, um so Druck auf die Politiker ausüben zu können. Wir können der Öffentlichkeit zugleich zeigen, daß wir auch in diesem Bereich Vorbilder sein können - durch die Hilfsleistungen für unsere bedrohten Brüder und Schwestern und deren christliche Nachbarn.

Denken wir auch hier an das, was ich eingangs über die "jungen Muslime" sagte. Sie überzeugten nicht durch Feuer und Schwert sondern durch ihr Beispiel.

Die Zukunft der Muslime in Deutschland

Die Frage nach der Zukunft des Islam in Deutschland ist die eine Seite der Medaille. Die Frage nach der Zukunft der Muslime die andere.

In Zeiten wirtschaftlicher Not wird nicht nur der Nachbar ohne deutschen Paß schief angesehen, auch der Nachbar, der anders betet, kann zur Zielscheibe werden.

Trotzdem, wenn wir uns unsere Lage in Deutschland ansehen, können wir nicht ruhigen Gewissens alles so lassen wie es ist und versuchen, im Verborgenen zu überleben:

- verwehrte Baugenehmigungen für Moscheen sind ein ständiges Ärgernis,
- einseitige Berichterstattung macht uns wütend,
- Fragen des Unterrichts und der religiösen Unterweisung sind nicht zufriedenstellend gelöst,
- die Frage der Schächtung ist vom Deutschen Bundestag an das Europäische Parlament verwiesen,

- nur wenige von uns wissen, wo ihre Kinder sie einst beerdigen können.

Doch gilt auch hier die Frage an uns, haben wir tatsächlich alles getan, was möglich ist, um diese Situation zu verbessern? Haben wir genug islamische Experten des kommunalen Baurechts? Haben wir genug islamische Rechtsanwälte, die einen Rechtsstreit für uns durchfechten können? Wo sind denn die islamischen Journalisten in Zeitungen, Funk und Fernsehen, die für ausgewogene Berichterstattung sorgen? Haben wir genug engagierte Eltern, die für eine angemessene Erziehung ihrer Kinder kämpfen und die institutionellen Wege kennen, die dazu nötig sind?

Ich weiß, es wird viel getan, und ich will die Anstrengungen keines einzelnen geringschätzen, aber liebe Brüder und Schwestern, ist es nicht so, daß es immer die gleichen sind, können wir nicht tatsächlich mehr auf die Beine bringen?

Erlaubt mir an dieser Stelle eine kleine Zwischenbemerkung über mein eigentliches Thema hinaus. Die Frage, die wir uns allen Ernstes stellen müssen, heißt meiner Meinung nach nicht nur, tun wir genug für ein menschenwürdiges Leben unserer Brüder und Schwestern in Deutschland? Die eigentliche Zukunftsfrage des Islam im internationalen Rahmen lautet, haben wir überhaupt das Rüstzeug, einen islamischen Staat zu lenken und seine Wirtschaftsordnung zu gestalten, wenn wir vor dieser Aufgabe stehen? Mich beschäftigt diese Frage stark, und ihre Beantwortung gehört für mich ebenfalls in den deutschen Zusammenhang: Denn wo sonst könnten Konzepte erarbeitet, Wissen vermittelt werden, wenn nicht z. B. hier im Lande?

Zurück zur Frage, wie den Lebensnotwendigkeiten der Muslime in Deutschland am besten geholfen werden kann: Es gibt hier eine Diskussion, zu der ich klar Stellung nehmen möchte: Die Frage lautet, soll der Islam eine Körperschaft des Öffentlichen Rechtes werden, d. h. kirchenähnlichen Status annehmen? Diejenigen, die diese Frage positiv beantworten, gehen davon aus, daß viele rechtliche, politische und finanzielle Nachteile dadurch behoben werden.

Ich gestehe, daß es politisch verlockend ist, zu argumentieren, daß der Islam benachteiligt ist, weil er im Gegensatz zu Christentum und Judentum keine Körperschaft des öffentlichen Rechtes ist, und daß diese "Benachteiligung" aufgehoben werden muß. Da ich als Christ jedoch 40 Jahre meines Lebens Mitglied einer derartigen Körperschaft gewesen bin, kann ich nur davor warnen: Alleine der Apparat verschlingt enorme Summen. Können wir uns als Muslime tatsächlich vorstellen, daß ein nicht-islamischer Staat unser Zakat als eine Art Kirchensteuer von unserem Lohn einbehält und dann anteilsmäßig an Gliederungen, Untergliederungen und Unteruntergliederungen abführt? Ich muß sagen, bei diesem Gedanken sträuben sich mir alle islamischen Nackenhaare!

Die politische Ordnung Deutschlands macht es möglich, daß jedes organisierte Interesse, jeder Verband, jede Vereinigung Zugang zu politischen Entscheidungsträgern haben kann.

Ich meine deshalb, der Kampf um die Institutionalisierung des Islam im Sinne einer Kirche bindet zu viele wertvolle Energien. Die Verwaltung einer solchen Instanz bindet zu viel Zeit, Arbeitskraft und finanzielle Mittel, die auf dem direkten Weg über dezentralisierte Gemeinden besser und schneller ihren Weg zur Erfüllung eines islamischen Zweckes finden.

Islam - Pakt mit der Ewigkeit

Die Liste dessen, was alles für die Zukunft des Islam und der Muslime in Deutschland getan werden muß und kann, ließe sich weiter verlängern. Doch schon jetzt scheint sie fast unerfüllbar groß.

Dennoch, ich meine, es gibt keinen Grund zur Wut oder zur Resignation, wenn etwas nicht gelingt. Wenn wir uns überlegen,

- daß der Islam bis 1492, also über 800 Jahre die führende politische Kraft der Welt war,
- seitdem gerade 500 Jahre vergangen sind,
- die im Westen vielbeschworene Aufklärung gerade 200 Jahre alt ist,
- der Sozialismus nach 80 Jahren am Ende ist,
- das amerikanische Jahrhundert auch erst seit dem ersten Weltkrieg besteht,
- daß es die amerikanische Filmindustrie, die weltweit das Bewußtsein der Menschen prägt, erst seit den 30er Jahren gibt, dann haben wir keinen Grund zu verzagen!

Denn: Nach nur 500 Jahren ist im Westen ein großes Vakuum entstanden, die Menschen sind dabei zu erkennen, daß sie ohne eine geistige Orientierung nicht in geordneten Verhältnissen leben können. Unsere Aufgabe ist es deshalb heute, ein Vorbild zu sein.

Der Islam gibt uns dazu die Kraft. Der Islam ist unsere Verbindung mit der Ewigkeit. Er hilft uns, unsere beschränkten Handlungsmöglichkeiten in ein Verhältnis zu Allahs Allmacht zu setzen und unsere begrenzte Gegenwart in ein Verhältnis zur Ewigkeit! Und deshalb frage ich Euch: Was bedeutet ein Mißerfolg oder ein schlechtes Erlebnis heute schon - angesichts der Ewigkeit?

Einige Fragen und Antworten

Frage: Lieber Bruder, gerätst Du nicht in Verlegenheit oder Gewissenskonflikte als Moslem in der Ausübung Deiner Tätigkeit?

Antwort: Es gibt zwei Gründe, warum ich mich in der deutschen Politik engagiere: 1) Natürlich ist für mich als Muslim das Gesetz Allahs die Grundlage meiner Lebensführung. Ich lebe jedoch in einem Land, dessen Regeln von Menschen für Menschen gemacht werden. Da ich mich nicht gerne fremdbestimmen lasse, versuche ich durch mein Engagement, hier auch Regeln durchzusetzen, die es meinen Brüdern und Schwestern und mir leichter machen, unangefochten als Muslime zu leben. 2) Keiner kann und keiner muß mit allem einverstanden sein, was in einer Partei geschieht oder, was eine Partei macht. Ich habe deshalb keine Gewissenskonflikte, weil ich jederzeit klar sagen kann, damit bin ich einverstanden und damit nicht. So lange ich mit der Grundrichtung einverstanden bin und die Mehrheit der Entscheidungen mittragen kann, sehe ich keine Probleme für mich.

Frage: Lieber Bruder, kannst Du uns einen Überblick über die Rechte geben, die wir seitens der deutschen Verfassung haben?

Antwort: Die deutsche Verfassung garantiert die Freiheit der Religionsausübung. Im täglichen Leben gibt es jedoch Gesetze und Verordnungen, die dieses Recht wieder einschränken. Da dieses Thema sehr umfassend ist, darf ich auf meinen Vortrag mit dem Thema: "Die Rechtsgrundlagen für islamisches Leben in Deutschland" verweisen, den ich an anderer Stelle gehalten habe.

Frage: Gibt es eine Möglichkeit der Anerkennung des Islam in Deutschland?

Antwort: Ich meine, wir sollten bei dieser Frage nicht in Institutionen denken - wie ich auch schon bei der Frage der Körperschaft des öffentlichen Rechtes dargestellt habe. Anerkennung wird der Islam in dem Maß finden, wie wir Muslime uns im Alltag als gute Nachbarn zu erkennen geben. So wichtig "Dialogveranstaltungen" sein können, sie sind nicht die Lösung. Denn der Dialog auf einem Podium oder während einer *da'wa*-Veranstaltung[57] auf dem Marktplatz ersetzt nicht das tägliche Miteinander, das alleine Vorurteile abbaut.

Frage: Was können wir als einfache Bürger für den Islam in Deutschland tun?

Antwort: Ich möchte hier von dem Beispiel eines türkischen Bruders berichten, das zeigt, was Eigeninitiative bewirken kann: In Norddeutschland hat diese Bruder in seinem Dorf einen Fußballclub gegründet, um seinen jungen Brüdern eine Alternative zu Disco und Kneipe zu bieten. Mit diesem Club hat er z.B. auch ein Ausländerfest organisiert, in einem Saal, den er von der Verwaltung des Dorfes zur Verfügung gestellt bekommen hat. Das Fest wurde zur Begegnung zwischen Deutschen, Vietnamesen, Türken, von Sportlern, Tänzern und einer Schulklasse, die ein kleines Theaterstück aufführte. Doch nicht nur dieser Bruder ist sehr aktiv - sein Sohn, der noch das Gymnasium besucht, gibt im Eigenverlag eine Zeitschrift heraus, die an ausgewählten Beispielen die Botschaft des Islam verständlich macht! Mit Allahs Hilfe ist also vieles erreichbar, man muß es nur beginnen!

Rechtsgrundlagen für das islamische Leben in Deutschland

(Vortrag Köln, Oktober 1993)

Das Recht in westlichen Zivilisationen

Für Muslime ist der Qur'an das göttliche Gesetz, die Grundlage aller Regeln, die das Zusammenleben bestimmen: Qur'an und Sunna, der Analogieschluß, der gesellschaftliche Konsens und die eigenständige Rechtsauslegung ergeben zusammengenommen die Scharia, die Gesamtheit der Rechtsvorschriften, die für alle Muslime gelten - gleich ob Herrscher oder Beherrschte.

Da die Schrift der Christen keinen Gesetzescharakter hat, sind es in den westlichen Kulturen die Menschen selbst, die Gesetze für Menschen machen - auch Gesetze, die für Muslime gelten, die in westlichen Gesellschaften leben. D h. für Muslime gelten als erstes die islamischen Gesetze, zugleich aber auch die Vorschriften des Landes, in dem sie leben.

Die Existenz und die Entstehung der "westlichen" Rechtsgrundlagen für islamischen Leben in Deutschland ist leichter zu verstehen, wenn klar ist, wie "Recht" in westlichen Ordnungen entsteht, bzw. gesetzt wird. Wir können dabei zugleich einige Mißverständnisse aufklären, die manche Muslime mit den Begriffen Demokratie, Volksherrschaft und Volkssouveränität verbinden.

Wenn wir uns mit dem Ursprung der heute im Westen gültigen Rechtsordnung befassen wollen, müssen wir zu den Griechen zurückgehen. Die griechische Philosophie hat den Menschen als autonomes Individuum im Spannungsfeld zwischen Staat und Gesellschaft entdeckt. Platon und Aristoteles beschrieben den Menschen als vernunftbegabtes Wesen, das seine Erfüllung in der Teilhabe am Staat findet.

Maßstab für jede politische Ordnung soll das natürliche Recht sein, das sich aus dem Wesen des Menschen ergibt. Im Einklang damit steht das positive Recht, das heißt, das von Menschen geschaffene Recht. Schon hier taucht also der Gedanke auf, daß es der Mensch selbst ist, der Recht setzt. Da es bei den Griechen "natürlich" war, Sklaven zu haben, wurde die Gleichsetzung von natürlichem und positivem Recht zur Grundlage der Aussage, daß die Menschen ungleich sind.

Erst die Philosophie der Stoa stellte das Menschenbild, das sich an dem griechischen und römischen Vollbürger orientierte, in Frage und lehrte die Gleichheit der Menschen. Das frühe Christentum knüpft an die Gedanken der Stoa an. Nach dem Alten Testament schuf Gott den Menschen nach seinem Ebenbild. Dieser göttliche Ursprung bedingt die prinzipielle Freiheit und Gleichheit aller Menschen. Außerdem erfährt die Würde des Menschen für Christen dadurch eine unschätzbare Steigerung, daß Gott seinen Sohn menschliche Gestalt annehmen und zur Erlösung der Menschheit den Kreuzestod erleiden ließ.

Diesem Glauben liegt allerdings wie bei den Stoikern die Vorstellung von zwei Reichen zugrunde: dem des Guten und dem des Schlechten. Durch den Sündenfall hat sich der Mensch von Gott entfernt. Die irdischen Reiche entsprechen nicht dem Ideal des Gottesstaates. Deshalb können jene Rechte der Menschen, die sich aus der Gotteskindschaft herleiten, auf der Erde ihre volle Wirksamkeit nicht entfalten.

Als das Christentum Staatsreligion wurde, übernahm es Vorstellungen aus der Antike und dem Germanentum. Der Untertan war seinem Herrscher zur Treue verpflichtet: der Herrscher aber auch zur Fürsorge gegenüber seinem Untertan.

Fürsten und Adlige billigen im positiven Falle ihren Untertanen ein Mindestmaß an Menschenwürde zu. Mit Hilfe der Kirche zementieren sie allerdings die Ungleichheit der Menschen im Diesseits. Persönliche Freiheit und wirtschaftliche Unabhängigkeit gibt es nur für eine kleine Anzahl von Männern. Die religiöse Gewissensfreiheit gilt dagegen für alle - aber natürlich nur in dem Rahmen, der von der Kirche gesetzt wurde. Für Heiden und Abtrünnige galt der Satz: "Außerhalb der Kirche gibt es kein Heil."

Im 15. Jahrhundert rebelliert der Humanismus gegen die Vorherrschaft der Kirche. Er will die Befreiung von Kunst und Wissenschaft aus den Fesseln der Kirche. Durch eine "Renaissance", eine Wiedergeburt antiken Bildungsgutes, das man in freiem, auf Vernunft und Erfahrung gegründetem Denken fortentwickeln wollte, hoffte man, eine höhere Menschlichkeit zu erreichen. Der Humanismus wurde Wegbereiter der Reformation und erschütterte die Fundamente der alten Papstkirche.

Das neue weltliche Denken führte jedoch zunächst nicht zur Befreiung des Individuums aus staatlich-religiöser Bevormundung, es begünstigte vielmehr die Geburt des modernen Machtstaates. Nicolo Machiavelli (1469 - 1527) entwickelte die Lehre von der "Staatsraison". Laut ihr hat der Staat keine metaphysische Aufgabe. Er soll den Menschen vor sich selbst schützen und eine tragbare Ordnung schaffen.

Der Jurist Jean Bodin entwickelte wenige Jahre später die Idee der "Souveränität": Zum Schutz der Gesellschaft braucht man einen möglichst wirkungsvollen Staat. Der souveräne Monarch ist die oberste Gewalt über alle Untertanen, die nicht an andere Autoritäten gebunden ist. Die souveräne Gewalt war von allen Bindungen an Gesetze befreit, stand aber unter göttlichem bzw. natürlichem Recht und übernahm deshalb den Schutz elementarer menschlicher Ordnungen, wie z. B. Familie und Eigentum. So wurde der Gedanke der Staatsraison und der Souveränität die Grundlage für den Absolutismus. Obwohl der Herrscher an das göttliche Recht gebunden war, konnte er willkürlich herrschen, da er keine irdische Kontrolle über sich anerkannte und die Grenze zwischen dem natürlichen Recht und dem positiven Recht fließend war.

Der nächste Schritt war, daß die Staatsphilosophie die Macht mit Hilfe des Naturrechts auf das Individuum verschob. Es wurden zwei grundlegende Vertragstheorien entwickelt: der Herrschaftsvertrag und der Gesellschaftsvertrag.

Beide Theorien gehen davon aus, daß die Menschen im Urzustand gleichermaßen frei waren, dann aber bei der Gründung eines Gemeinwesens ihre Rechte ganz oder teilweise einem Herrscher oder der Gesellschaft übertragen haben. Hobbes, der von einem pessimistischen Menschenbild ausging, hielt es für notwendig, daß die Menschen alle Rechte an einen Herrscher übertragen sollten, damit so die Menschheit vor sich selbst geschützt werden könne.

Der nächste Entwicklungsschritt, die "Aufklärung", wollte den Menschen aus den Ketten religiöser und staatlicher Bevormundung erlösen - im festen Vertrauen auf die Kraft der menschlichen Vernunft. Deshalb setzt John Locke und Jean-Jacques Rousseau vor den Herrschaftsvertrag die freie Vereinbarung der Menschen zu einer einzigen Gemeinschaft - den Gesellschaftsvertrag. Dieser sollte die fundamentalen Rechte der Menschheit auch dann bewahren, wenn diese sich einer Herrschaft unterwarf. Mit ihren Gedanken verfochten Locke und Rousseau die Lehre von der "Volkssouveränität". Wenn die Staatsmacht versuchen sollte, gewaltsam über Leben, Freiheit und Vermögen des Volkes zu verfügen, besitzt das Volk das Recht, den Herrschaftsvertrag aufzukündigen.

Da diese Möglichkeiten des Umsturzes nur im äußersten Notfall zur Verfügung standen, überlegte Montesquieu, wie die Freiheit am besten zu sichern sei. Er erfand die Prinzipien der Gewaltenteilung: Legislative, Exekutive und Judikative. Diese sollte voneinander unabhängigen Staatsorganen unterworfen werden, die gegenseitig ein Gleichgewicht behaupten müßten. Aus diesem Gedanken entwickelten sich später die wichtigsten Instrumente zur Sicherung bürgerlicher Grundfreiheiten und sie begründen das System, wie wir es heute auch in der Bundesrepublik Deutschland kennen.

Mit einem Zitat von Walther J. Friedrich aus dem Buch "Rechtskunde für jedermann" läßt sich diese Entwicklung wie folgt zusammenfassen:

"Die von der Natur aus dem Menschen gegebene Rechtsstellung im Kosmos beinhaltet die Erkenntnis, daß der Mensch das Recht in sich trägt. Dieses Wesensmerkmal taucht in allen Kulturstaaten auf. Ausgehend von der griechischen Auffassung (daß es ein übergesetzliches, allgemein gültiges und willkürliches Recht gebe), über die römische Haltung (daß das Recht mit der Natur des Menschen übereinstimmen müsse) und die kirchliche Auffassung (von einem göttlichen, menschlichen und zeitlich wandelbaren Recht) entwickelte sich der Rationalismus und Intellektualismus. Damit wurde das Recht am Menschen als einem vernunftmäßig begabten Wesen gemessen und schließlich zu Normen stilisiert, die für ein produktiv soziales Handeln der Gesellschaftsmitglieder maßgebend sind.

Formell bedeutet das Naturrecht den Schutz unveräußerlicher Freiheits- und Menschenrechte gegenüber dem Staat, während die Praxis stets davon ausgegangen ist, daß das so verstandene Naturrecht sozialpolitisch ausgerichtet werden muß.

Wie sich der vielgebrauchte Begriff der Freiheit gewandelt hat, zeigt, daß es im 18. Jahrhundert hieß: frei ist der Mensch, der dem Gesetz und nicht dem Herrscher gehorcht, und daß man heute sagt: frei ist, wer tut, was er will, weil er frei ist."[58]

Um zu einem Vergleich der Situation im Islam zu kommen, hier noch einmal eine kurze Bewertung des Aufklärung. Die historische Wirkung der Aufklärung bei der Entwicklung der Menschenrechtsidee läßt sich so zusammenfassen:

Menschenrechte sind unveräußerlich, nicht an bestimmte Räume und Zeiten gebunden und damit auch älter als alle Staaten.

Menschenrechte dürfen nicht wie das positive Recht von einem Gesetzgeber abhängig und in ihrem Geltungsbereich eingeschränkt sein.

Erstmals in der Geistesgeschichte entschied sich die Aufklärung für die Vernunft als ausschließliches Kriterium zur Bestimmung des Naturrechts. Sie wandte sich damit gegen die Fremdbestimmung des Menschen durch religiöse und politische Lehrsätze.

Nicht der Wille des einzelnen oder die "Vernunft" einer kleinen Elite sollte gelten, sondern der Wille der Allgemeinheit.

Der Autor, dessen Werke ich diese Gedanken entnommen habe, schreibt zum Schluß seiner Abhandlungen:

"In der Philosophie der Aufklärung erreichte die Entwicklung der Menschenrechtsidee damit eine geistige Höhe, die auch heute noch nicht wesentlich überschritten worden ist."

Um nun herauszufinden, ob diese ziemlich hochmütige Bewertung gerechtfertigt ist, müssen wir uns kurz mit der islamischen Rechtsidee befassen und uns fragen, was eigentlich das geistige Ringen des Westens von der Zeit der Griechen bis heute gebracht hat, das nicht auch im Islam zu finden ist.

Meine Antwort lautet schlicht und einfach: nichts! Der Westen hat seit Christi Geburt 1700 Jahre gebraucht, um festzustellen, daß es unveräußerliche Rechte für alle Menschen gibt - das steht bereits im Qur'an.

Der westliche Mensch hat dazu die Gedanken von Generationen von Philosophen gebraucht. Der Muslim kann dankbar und glücklich darüber sein, daß ihm Allah diese Arbeit abgenommen hat.

Unsere Untersuchung hat aber auch gezeigt, daß die Begriffe wie Volksherrschaft und Volkssouveränität nicht gegen Allah und Allahs Gesetz gerichtet sind, da im christlichen Religions- und Kulturkreis die Bibel eben nicht Gesetzbuch ist. Die Forderung der Souveränität entstammt vielmehr dem Aufstand von Menschen gegen andere Menschen, die willkürlich herrschten. Deshalb sollte für Muslime das für sie mißverständliche Wort Demokratie (= Herrschaft des souveränen Volkes) besser nicht in seiner direkten Übersetzung verwendet werden, sondern in der umschriebenen Bedeutung einer "Selbstverwaltung" entsprechend der Aussage des Qur'an, daß Allah nichts für ein Volk tut, das nichts für sich selbst tut.

Gottesrecht - Professorenrecht - Gesetzesrecht

Aus dem bis jetzt Dargestellten lassen sich zwei Arten der Rechtssetzung feststellen: das von Allah gesetzte, offenbarte Recht und das in der Tradition der westlichen Entwicklung von Parlamenten verabschiedete Gesetzesrecht. Zur Vervollständigung unserer Überlegungen müssen wir noch einen weiteren Begriff einführen: das Professorenrecht, bzw. Richterrecht.

Für die Kenner des islamischen Rechts muß nicht näher auf die einzelnen Quellen islamischen Rechts eingegangen werden. Es sollen hier zwei Feststellungen genügen:

1. Das islamische Recht ist im weitesten Sinne "Professorenrecht", d. h. Recht, das durch Theologen und Juristen (so es denn im Islam überhaupt eine Unterscheidung zwischen beiden gibt) aus den Vorschriften des Qur'an entwickelt ist.
2. Das islamische Recht lehnt "Gesetze", also von der Obrigkeit oder einem Parlament erlassene generelle Normen, als Rechtsquelle ab.

II.

Kommen wir nun zu Deutschland: Alle Rechtsgrundlagen in Deutschland sind vom Parlament, d.h. von Menschen erdacht, in Worte gefaßt und verbindlich gemacht worden. Die zwei zentralen Fragen an einen Muslim lauten deshalb:

1. Sind diese Gesetze auch verbindlich für mich?

2. Gibt es in den Gesetzen der Bundesrepublik Deutschland Bestimmungen, die meinen Glaubensvorschriften widersprechen?

Für mich beantwortet sich die erste Frage durch die Tatsache, daß im Grundgesetz der Bundesrepublik Deutschland die freie Ausübung der Religion garantiert wird. Solange ich hier das Recht habe, meine Religion frei auszuüben, kann ich in diesem Staat leben.

Doch bereits hier beginnt ein Spannungsverhältnis: Denn auch für die freie Ausübung der Religion gibt es in der Realität Einschränkungen, obwohl die Glaubensfreiheit von Artikel 4 Abs. 2 GG nicht, z. B. durch einen Gesetzesvorbehalt, mit Einschränkungen versehen ist!

Trotzdem gibt es in der Realität Vorbehalte:

"Religionsfreiheit berechtigt (...) nicht zu einem Verhalten, das entsprechend der in der Rechtsordnung ebenfalls festgelegten Maßstäbe als unsittlich oder kriminell gelten muß. Man denke etwa an die Blutrache oder an gewisse religiöse Bräuche und Ritualien, die unserem Kulturkreis fremd sind.

Wie ein Verfassungsgerichtsurteil es ausdrückt, 'hat das Grundgesetz nicht irgendeine, wie auch immer geartete freie Betätigung des Glaubens schützen wollen, sondern nur diejenigen, die sich bei den heutigen Kulturvölkern auf dem Boden gewisser sittlicher Grundanschauungen im Laufe der geschichtlichen Entwicklung herausgebildet haben'."[59]

Fazit: wir sehen also, daß bereits bei der Religionsfreiheit die ersten Vorbehalte formuliert sind!

Der nächste Schritt: Muslime haben das Recht, Vereinigungen zu bilden. Als besonders geeignet werden dafür die Formen des Vereins und der Stiftung angesehen. Eine andere Möglichkeit ist die Körperschaft des öffentlichen Rechtes. Hier wird es jedoch kompliziert. Denn in diesem Punkt sind sich auch Muslime nicht einig. So halte ich persönlich die Institutionalisierung des Islam in Form einer Körperschaft des Öffentlichen Rechtes nicht für sinnvoll. (vergl. dazu den Vortrag "Die Zukunft des Islam in Deutschland")

Von diesen Grundlagen aus gesehen läßt sich nun anhand der religiösen Vorschriften, die den Muslim sein Leben lang begleiten, untersuchen, wie die Rechtsgrundlagen für die Einhaltung dieser Vorschriften in Deutschland sind. Das heißt, wir kommen zur Beantwortung der zweiten zentralen Frage: Gibt es Rechtsvorschriften, die meinen Glaubensvorschriften widersprechen?

Dabei sei nur am Rande angemerkt, daß es fast nichts gibt, das durch unsere Gesetzgebungsmaschine - das Parlament - nicht in irgendeiner Form geregelt ist. So gibt es z. B. nicht nur das Staats- und Verfassungsrecht, das Verwaltungsrecht, sondern auch das Baurecht, Steuerrecht, Strafrecht, Erbrecht, Ehe- und Familienrecht, Handelsrecht, Wirtschaftsrecht, Arbeitsrecht, Sozialrecht, Prozeßrecht, Europarecht. Auf kommunaler Ebene kommen dann z. B. noch "Satzungen" hinzu ...

Die fünf Säulen des Islam

Prüfen wir einmal das Verhältnis der fünf grundlegenden Pflichten der Muslime zu deutschen Gesetzen und Vorschriften:

Das Ablegen des Bekenntnisses ist frei und durch die Verfassung garantiert.

Das fünfmalige Gebet am Tag ist theoretisch frei, praktisch gibt es bereits Schwierigkeiten am Arbeitsplatz u. B. beim Freitagsgebet. (Hier stimmen das Arbeitsrecht und tarifvertragliche Regelungen nicht unbedingt mit islamischen Vorschriften überein.)

Die Abgabe des *zakat* ist frei, jeder kann spenden soviel er will, allerdings ist eine Verrechnung mit anderen "Steuerschulden" nicht möglich, und abgesetzt werden können nur Beträge, die einer gemeinnützigen Organisation gestiftet werden.

Das Fasten im Monat Ramadan ist frei.

Theoretisch hat jeder die Freiheit, die *hajj* durchzuführen. In der Praxis gibt es jedoch durchaus Probleme, z. B. wenn ein Lehrer die Pilgerfahrt machen will, der Termin der Pilgerfahrt jedoch außerhalb der Schulferien liegt.

Versuchen wir nun einen zweiten Ansatz. Gehen wir durch die einzelnen Stationen im Leben eines Muslims:

- Bei der *Geburt* gibt es Möglichkeiten, islamisch zu verfahren.
- Bei der *Namensgebung* sehe ich kein Problem, da islamische Namen in Deutschland gegeben werden können.
- *Schulpflicht* an sich ist kein Problem, aber bei der Gestaltung der Lehrpläne gibt es Probleme. Die Frage der Teilnahme von Mädchen am Turnunterricht ist inzwischen durch höchstrichterliche Entscheidung geklärt.
- Bei der Frage des *Moscheebau*s spielt kommunales Recht eine Rolle. Hier kommt es immer wieder zu Konflikten.
- Bei der Frage der *Eheschließung* gilt deutsches Recht.
- Für *Beerdigungen* gibt es nur wenige "islamische Ekken" auf deutschen Friedhöfen, wenn überhaupt.
- Beim *Erbrecht* gibt es Widersprüche zwischen dem deutschen und dem islamischen Recht.

Was können Muslime tun?

Bei der Frage des Sportunterrichtes habe ich bereits erwähnt, daß hier eine gerichtliche Klärung erfolgt ist. Noch deutlicher können die Möglichkeiten, daß Muslime bestehende Rechtsvorschriften nicht hinnehmen müssen, am Beispiel der Schächtung erläutert werden:

In den vergangenen Jahren gab es viele Versuche einer gerichtlichen Klärung. Es folgte der Versuch des islamischen Arbeitskreises in Deutschland, diese Frage im Petitionsausschuß des Parlaments zu klären. Dieser machte die Möglichkeit zu handeln von einer Regelung auf europäischer Ebene abhängig.

Meine Kenntnis der islamischen Vorschriften im Detail und des deutschen Rechtssystem sind nicht so umfassend, daß ich hier jede einzelne Vorschrift behandeln kann. Ich möchte deshalb vorschlagen, daß eine Arbeitsgruppe einmal alle zentralen islamischen Vorschriften zusammenstellt und mit deutschen Rechtsvorschriften konfrontiert, so daß daraus ein Handbuch entsteht als Lebenshilfe für Muslime, als Arbeitshilfe für deutsche Verwaltungen, aber auch als Auftrag zur Aktion für Muslime, etwas zu ändern!

Auftrag zur Aktion heißt für mich, sowohl den Weg der gerichtlichen Auseinandersetzung zu beschreiten aber auch den Weg der politischen Willensbildung zu gehen. (Ich möchte hiermit zugleich eine Frage beantworten, die mir immer wieder gestellt wird: ob ich es verantworten kann, als Muslim in einer politischen Partei aktiv mitzuarbeiten): Ich meine, wir Muslime sind hier in Deutschland Rechtsvorschriften ausgesetzt, die, wie wir eingangs gesehen haben, von Menschen für Menschen gemacht worden sind und gemacht werden. Soweit wir Muslime dazu in der Lage sind, sollten wir dazu beitragen, diese von Menschen gemachten Gesetze so zu beeinflussen, daß wir und unsere Brüder und Schwestern unangefochten in Deutschland unser islamisches Leben führen können, so wahr uns Allah helfe!

Anmerkungen

1   William Manchester, A World Lit Only By Fire. The Medieval Mind And The Renaissance, Macmillan, London 1994, S. 105. (Übersetzung Ch. H.)

2   Sigrid Hunke, Allah ist ganz anders, Enthüllung von 1001 Vorurteilen über die Araber, Horizonte, Bad König 1990, S. 91.

3   Akbar S. Ahmed, From Samarkand to Stornoway, Living Islam, BBC Books, London 1993, S. 37.

4   Manchester, a.a.O., S. 9.

5   Dieses Wissen wird z.B. wie folgt definiert: "*al 'ilm*, das Wissen über die Muster, die Allah erschuf und die die Wirklichkeit bilden. In der Natur schließt es die Natur- und 'exakten' Wissenschaften ein; im persönlichen Bereich die 'Geisteswissenschaften'; im sozialen Bereich die 'Sozialwissenschaften'. Die Muster Allahs sind empirisch und durch die Sinne, die theoretische und praktische Intuition und Vernunft erkennbar." (Für ein islamisches Deutsch, Erstellt in Anlehnung an die Abhandlung "Toward Islamic English" von Dr. Ismail Raji al Faruqi, Internationales Institut für Islamisches Gedankengut und Muslim Studentenvereinigung e.V., o.O. 1988, S. 52.)

6   Im Qur'an heißt es: "... und weil sie sagten: 'Wir haben Christus Jesus, den Sohn Marias, den Gesandten Allahs, getötet.' - Sie haben ihn aber nicht getötet, und sie haben ihn nicht gekreuzigt, sondern es erschien ihnen eine ihm ähnliche Gestalt." Sura 4:157

7   Akbar S. Ahmed, auf dessen Text ich später stieß, stellt fest: "Wenn sie (diese Autoren) das Image betrachten, daß sie selber geschaffen und den Muslimen aufgedrückt haben, blicken sie auf ihre eigene Geschichte." a.a.O., S. 12.

8   Das Buch "Kulturknigge für Nichtmuslime" von Peter Heine, Herder Spektrum, Freiburg 1994, gab es leider zu diesem Zeitpunkt noch nicht.

9   Norman Daniel, Islam and the West. The Making of an Image, One World, Oxford 1960/1993, S. 24.

10 Murad Hofmann, Der Islam als Alternative, Diederichs, München 1992, S. 116. (Es mag in diesem Zusammenhang interessant sein, daß es bei der Auswahl des Spitzenkandidaten der CDU für den Bundestagswahlkampf und damit für das Amt des Bundeskanzlers, es keine Satzungsbestimmungen gibt. So wurde z.B. im Vorfeld der Wahl 1980 der niedersächsische Ministerpräsident Ernst Albrecht von der CDU zum Kandidaten gekürt, die CDU/CSU-Bundestagsfraktion machte jedoch Franz Josef Strauß zum Kandidaten, und der blieb es dann auch.)

11 Georg Popp, Oman, Edition Erde im BW Verlag, Nürnberg 1994, S. 48 f.

12 Vgl. Hubert Dobers, Die Wahlen zum zwölften Unterhaus Jordaniens, in: Konrad-Adenauer-Stiftung, Auslandsinformationen, 2/1994, S. 32 ff.)

13 Dr. Yaqoub Ziadeen, Defending Party Life and Political Parties, in: Al-Rai, 1. 4. 1994

14 Vgl. Financial Times, 9. 9. 1994, S. 6

15 The Wall Street Journal Europe, 27. 10. 1994, S. 1.

16 The Malaysian Economy: The Way Forward, in: Foreign Affairs Malaysia, Vol. 24, No. 3, September 1991, S. 67.

17 Zitiert nach Muhammad Salim Abdullah, Islam - Für das Gespräch mit Christen, Altenberge 1988, S. 6ff.

18 Ebda.

19 Vgl. Hans Miksch, Der Kampf der Kaiser und Kalifen, Bernard & Graefe Verlag, Koblenz 1986, S. 19.

20 Sigrid Hunke, a.a.O., S. 43.

21 Montgomery Watt, Der Einfluß des Islam auf das europäische Mittelalter, Wagenbach, Berlin 1988, S. 15.

22 Ebda. S. 16.

23 Nach: M. S. Abdullah, a.a.O., S. 116ff.

24 Erst 1994 wird in Marokko unterzeichnet.

25 Karen Armstrong, Holy War. The Crusades and their Impact on Today's World, Doubleday, New York 1991, S. 47.

26 Sigrid Hunke, a.a.O., S. 85f.

27 Heinz Friedrich, Süddeutsche Zeitung, 5./6. Januar 1991, S. 101.

28 Sigrid Hunke, Allahs Sonne über dem Abendland / Unser arabisches Erbe, DVA, Stuttgart 1987, S. 17 ff.

29 Heinz Friedrich, a.a.O.

30 Albert Hourani, A History of the Arab People, Faber, London 1991, S. 76 f.

31 Martin Robbe, Die Welt des Islam, Pahl-Rugenstein, Köln 1988, S. 57 f.

32 Ludger Kühnhardt, Die Universalität der Menschenrechte, Bundeszentrale für politische Bildung, Bonn 1991, S. 28 f.

33 Siehe die Aufzählung von Ludger Kühnhardt, Islamischer Rechtskodex versus menschenrechtliche Universalität, in: Die Universalität der Menschenrechte a.a.O. (Kühnhardt stellt allerdings eher eine "Eindeutung" dieser Werte in den Qur'an fest.)

34 Rudyard Kipling, Kim, in: The Best Fiction of..., Anchor Books Doubleday, New York 1989, S. 5.

35 Rudyard Kipling, a.a.o., S. 212.

36 Die ganze Fragwürdigkeit dieser Erklärungen wird im Herbst 1993 deutlich, als es überall in den reichen Gemeinden um Los Angeles herum Waldbrände gibt und aus den umliegenden Bezirken Tausende von Feuerwehrleuten herangezogen werden, um die Häuser der Reichen vor dem Feuersturm zu retten.

37 Warnfried Dettling, Das Erbe Kohls. Bilanz einer Ära, Eichborn, Frankfurt 1994, S. 60.

38 Vgl. Sigrid Hunke, Allah ist ganz anders, a.a.O., S. 91.

39 Religious Freedom in Sudan, Ministry of Culture and Information, (Khartoum 1993), S. 9.

40 Conference Of Religions In The Sudan, Peace and Development Foundation, o.O. 1993, S. 166f.

41 Vgl. Alvin und Heidi Toffler, War and Anti-War, Little, Brown and Company, London 1994, S. 14 f.

42 Noel Malcolm, Bosnia - A Short History, Macmillan, London 1994, S. 251.

43 Stadtteile von Los Angeles

44 Izetbegovic, Islamska deklaracija, S. 37; zitiert nach Noel Malcolm , a.a.o. S. 220.

45 Im November 1994 gab sich der Islamische Arbeitskreis einen neuen Namen: "Zentralrat der Muslime in Deutschland". Und seit Anfang 1995 arbeitet er in der Rechtsform eines eingetragenen Vereins.

46 Dreher/Tröndle, Strafgesetzbuch und Nebengesetze, C. H. Beck, München 1993, S. 994f.

47 Horst Eylmann, Die Auschwitzlüge und die geistige Freiheit, Focus 38/1994, S. 76

48 Eylmann, a.a.o.

49 Malise Ruthven, Seid Wächter der Erde! Die Gedankenwelt des Islam, Ullstein, Frankfurt / Berlin 1987, S. 125 ff.

50 Bassam Tibi, Die Verschwörung - Das Trauma arabischer Politik, Hoffman und Campe, Hamburg 1993, S.37.

51 Bassam Tibi, a.a.O., S. 37/38.

52 Heiner Geißler, Wir brauchen eine Art Kulturrevolution, in; Die Zeit, 1. 3. 1991.

53 Albrecht Noth, Der Dschihad: sich mühen für Gott, in: Die Welten des Islam, hrsg. Gernot Rotter, Fischer, Frankfurt 1993, S. 24/25.

54 Tilman Nagel, Geschichte der islamischen Theolgie. Von Mohammed bis zur Gegenwart, C. H. Beck, München 1994, S. 34 f.

55 Ludger Kühnhardt, a.a.o., S.146.

56 Eine hervorragende Untersuchung zu diesem Thema bietet: Katharina Mommsen, Goethe und die arabische Welt, Insel, Frankfurt am Main 1988.

57 *da'wa* bedeutet: islamische Informationsarbeit.

58 Walther J. Friedrich, Rechtskunde für jedermann, C. H. Beck, München 1992, S. 30f.

59 Christen und Muslime in Deutschland, Sekretariat der Deutschen Bischofskonferenz, Bonn 1993, S. 81.